现代产业学院
人才培养模式研究

包之明　著

合肥工業大學出版社

图书在版编目(CIP)数据

现代产业学院人才培养模式研究/包之明著．--合肥：合肥工业大学出版社，2025. -- ISBN 978-7-5650-7263-5

Ⅰ. G649.2

中国国家版本馆 CIP 数据核字第 20259SL957 号

现代产业学院人才培养模式研究

包之明　著　　　　责任编辑　毕光跃

出　版	合肥工业大学出版社	版　次	2025 年 2 月第 1 版
地　址	合肥市屯溪路 193 号	印　次	2025 年 2 月第 1 次印刷
邮　编	230009	开　本	710 毫米×1010 毫米　1/16
电　话	融合出版中心：0551-62903087	印　张	10
	营销与储运管理中心：0551-62903198	字　数	139 千字
网　址	press.hfut.edu.cn	印　刷	安徽联众印刷有限公司
E-mail	hfutpress@163.com	发　行	全国新华书店

ISBN 978-7-5650-7263-5　　　　定价：48.00 元

前　言

现代产业学院作为产教融合的重要载体，近年来在高等教育领域备受关注。随着产业结构的快速升级和技术变革的加速，传统教育模式已难以满足现代产业对高素质应用型人才的需求。现代产业学院通过校企深度合作，将产业需求与教育目标紧密结合，为人才培养提供了新的路径。这种模式不仅能够提升学生的实践能力和创新思维，还能有效促进教育与产业的深度融合，推动区域经济发展。基于产教融合的现代产业学院人才培养模式研究已取得一定成果，但其系统化的研究仍处于探索阶段。

本书对现代产业学院的内涵演进与发展现状进行分析。一是技术创新对人才培养高质量发展提出了要求。二是从国际视角来看，发达国家在产教融合和人才培养方面积累了丰富的经验。德国的“双元制”教育模式和美国的“合作教育”模式，均通过校企协同育人机制，实现了教育与产业的有机衔接。这些成功经验为我国现代产业学院的发展提供了重要借鉴。由于国情差异，我国现代产业学院在借鉴国际经验的同时，还需结合本土产业特点和教育资源分布，探索适合自身的发展路径。三是现代产业学院的建设已在全国范围内展开，但在实施过程中仍面临诸多挑战。校企合作机制尚不完善，企业参与人才培养的积极性有待提高。课程体系与产业需求的脱节问题依然存在，部分院校的课程设置未能及时反映产业发展的最新动态。师资队伍建设滞后，主要体现在“双师型”教师的缺乏和教师的数智化素养不足，制约了实践教学的质量。四是现代产业学院治理效能不足。

本书的主要内容是分析现代产业学院人才培养高质量发展存在

的问题，提出现代产业学院人才培养模式的构建路径：分析创新构建的制约因素；剖析“岗课赛证训创”的内在逻辑关系；确定校企协同的人才培养目标；构建校企协同的“岗课赛证训创”实践教学体系；设计模块化课程体系；开发“岗课赛证训创”融通课程；创建符合教育管理部门要求的教学条件；设计与开发教学资源；构建三维驱动的教师团队建设体系；创新校企协同育人机制；数字化赋能产业学院治理。本书旨在通过案例分析与实践研究，为现代产业学院人才培养模式创新提供可借鉴的经验。

本书的研究结论：一是现代产业学院是深化产教融合的核心载体；二是“岗课赛证训创”人才培养模式能提升人才培养质量；三是数字化转型是现代产业学院治理效能提升的关键抓手；四是从未来发展方向来看，现代产业学院肩负着深化探索的使命，特别是在技术融合创新、教育模式革新以及国际化视野拓展等关键领域。当下，人工智能、大数据等新兴技术正以雷霆万钧之势重塑各行各业，这无疑为现代产业学院的进阶发展提供了肥沃土壤。现代产业学院若能精准把握时机，将这些前沿技术巧妙嵌入课程体系，就能为学生搭建起一座通往未来的桥梁，源源不断地培育出既具备创新思维，又能在复杂情境中披荆斩棘的高素质专业人才。与此同时，在全球一体化的大背景下，拓宽国际化视野已然成为现代产业学院提升核心竞争力的必由之路。通过加强国际交流合作，引入先进教育理念与优质教育资源，现代产业学院不仅能为自身发展注入新活力，更能为高等教育改革探索出一条别具一格、行之有效的新路径，推动教育领域的创新变革迈向新高度。现代产业学院不仅能够提升人才培养质量，还能促进科研成果转化和产业升级。五是随着人工智能、大数据等新兴技术的快速发展，现代产业学院需要持续培养学生的创新能力和解决复杂问题的高阶能力，个性化学习路径和跨学科融合教育将成为未来人才培养的重要方向。

当前，教育领域仍存在教育资源的不均衡分布、技术更新与课程滞后的矛盾、校企合作的深度与广度不足等问题，这不仅需要通过政策引导和制度创新加以解决，还需要现代产业学院创新人才培养模式，通过持续优化课程内容、完善实践教学体系与加强师资队伍建设等，提高人才培养质量。

本书由广西机电职业技术学院包之明撰写。基金来源是2022年广西职业教育教学改革研究重点项目（GXGZJG2022A011）：人工智能产业学院“岗、课、赛、证、训、创”六位一体人才培养模式的研究。

包之明

2025年2月

目　　录

第 1 章　现代产业学院概述

1.1　现代产业学院的内涵演进

1.1.1　概念界定与历史沿革

产业是社会分工持续细化、生产力不断发展的产物。学院是指在高等教育机构中，一个专注于特定学科或多个学科领域的教育和研究机构[1]。现代产业学院中的“现代产业”是一个修饰词，明确需遵循现代产业逻辑，以契合现代社会尤其是现代产业需求为导向，构建开放性的新型办学组织。在不同发展阶段，现代产业学院的概念呈现出明显的演进特征，其内涵不断丰富与深化[2]。

现代产业学院的演进经历了以下三个阶段：

1. 第一阶段(20 世纪 80—90 年代)

这个时期，产业学院主要是由学校主导，通过与企业深度合作建设实践教学基地[2][3]，采用教学和生产劳动相结合的办学模式。当时，我国处于工业化和城市化发展阶段，学者覃晓航提出，面对产业结构的剧变，应单独设立学院促进地方产业、企业和劳动者转型[4]。起初，企业仅提供资金支持，未真正参与教育教学环节。到了 20 世纪 90 年代，为适应产业变革，全国多地开始创办校办产业、企业或实践教学基地。以齐齐哈尔轻工学院的校办工厂型教学基地为典型，其将产业体制引入校内，在法律地位上类同于现在的二级学院，主要功能是实践教学基地[2]。在此模式下，高校建设了理论知识与实践操作相结合的教学场所。学生能将课堂所学的专业知识应用于实际生产中，初步接触产业一线运作模式，为未来参与工作积累实践经验。这种模式在一定程度上缓解了高校理论教学与产业实践脱节的问题，开启了教育与产业融合的早期探索。

2. 第二阶段(21 世纪初—2016 年)

产业学院出现了校中厂、厂中校、订单式、定制化等校企合作的办学模式。在 21 世纪初，我国产业结构发生变化，重工业增速超过轻工业，对现代制造业和服务业技能型人才的需求大增。为了满足产业结构调整的需要，2005 年国务院发布《关于大力发展职业教育的决定》，提倡公办职业学校与企业合作办学，形成“前校后厂(场)、校企合一”的办学实体，这为校企合作办学模式改革创新提供了政策保障[5]，大力推动了校企合作办学模式的创新实践。在这样的背景下，企业定制化教育成为产业学院的新形态，如东莞理工学院西门子自动化班。产业学院依据企业特定岗位需求制定人才培养方案，开展课程体系和教学改革，精准满足企业对专业人才的需求，增强了教育服务产业的针对性。2006 年，浙江经济职业技术学院与浙江物产集团共同创建物流产业学院和汽车后服务连锁学院，被认为是我国产业学院的首次真正落地[2]。

3. 第三阶段(2017 年至今)

产业学院出现办学主体多元化、办学组织模式多样化的发展趋势。随着现代产业体系向高质量方向迈进，2017 年国务院颁发的《关于进一步深化产教融合的若干意见》，明确要求发挥产业学院的产教融合作用。2019 年，产业学院被列为“双高计划”中的办学质量评估指标，成为高职院校战略布局与办学创新的重要举措之一。2020 年教育部与工信部联合发布的《现代产业学院建设指南(试行)》将产业学院定义为集人才培养、科学研究、技术创新、企业服务、学生创业等多功能于一体的示范性人才培养平台[6]。2021 年 12 月，教育部公示的首批 50 家示范性现代产业学院引领了高校与产业界形成命运共同体的发展潮流，校企关系深度融合、共生共荣。2023 年起，以科技创新为核心驱动力的新质生产力正重塑经济格局，产业加速迭代升级，借助数字技术、人工智能等前沿科技，催生众多新业态、新模式，形成庞大且紧密关联的业态体系。面对新质生产力带来的变革浪潮，学院可以通过校企合作、产教融合、科教融汇等有力举措，创新组织形式与办学体制机制，深度对接产业需求，精准培育适配新质生产力发展的创新型人才，提升服务、支撑乃至引领区域经济社会发展的能力，积极应对产业升级与社会发展带来的挑战，为经济社会高质量发展提供强劲动力。

为此，产业学院的演进伴随产业结构的调整、优化和国家政策的推动而快速发展，是始终以提高人才培养质量、服务产业发展为主线，不断适应经济社会发展需求、深化教育改革、推动产教融合的过程。

1.1.2　现代产业学院核心特征剖析

1. 混合型是现代产业学院的鲜明特征

现代产业学院区别于单一办学主体的学校，是由多元育人主体组成的混合型组织，常见的办学模式包括学校和企业，还可以加上行业协会、教育研究机构、政府等单位共同参与。这种由多种育人主体构成的组织形式，有利于整合各方优势，融合不同文化，调配优势资源，对培养具有创新意识的复合型人才有重要意义。其混合型特征可从三个层面来理解：第一，现代产业学院由多个单位共同出资，治理结构呈现多元化，需要明确各主体的权利和责任，促进公共利益实现，提升人才培养与产业发展适应性。第二，现代产业学院的核心任务是人才培养，服务产业是产业学院的基本属性[3]，混合型组织的架构设计与实施旨在培养符合产业发展和企业需求的人才。第三，混合型特征使得多方办学主体凭借各自资源优势，在产教研等领域深度合作，不仅有助于降低办学成本，还能加快研究成果转化，进而推动社会经济发展。

2. 创新驱动是现代产业学院的重要特征

1)现代产业学院的组织架构和管理具有创新性

创新是现代产业学院建设与发展的根本动力。现代产业学院的组织形式主要有三种:一是部分二级学院依托优势学科专业与校外主体合作建立的隶属于二级学院的办学机构,如广西机电职业技术学院的人工智能技术学院。二是学校建立与二级学院权责对等的产业学院,如天津市大学软件学院是天津市政府主导,由市教委、市科委与新技术产业园区共建的天津软件与信息技术服务业人才培养基地。产业学院实行理事会领导下的产业学院院长负责制,由学校、合作企业、行业协会等多方代表组成理事会,负责对产业学院办学过程中有关专业设置、学科建设、人才培养方案制定、校企合作特色课程建设、"双师型"教师队伍建设、专兼职教师选派、校内外实验实习实训基地建设等重大问题进行审议、决策、监督和协调,形成了多主体协同、稳定有序的管理构架和运行机制。三是以产业集群为产业学院建院逻辑,打破了传统的学科组织建制,实现教育链与产业链对接。这种形式的产业学院具有开放性、创新性、跨界性,使得产业学院出现组织形态多样化和创新性。相应地,现代产业学院的管理也必须具有创新性,以适应其独特的组织架构。

2)技术创新为学校与企业搭建紧密的产教融合桥梁

企业作为技术创新应用的主体,对新技术的应用和推广有着强烈的需求。现代产业学院可以凭借其在科研和人才培养方面的优势,与企业在技术创新领域开展深度合作。双方共同建立研发中心、实验室等创新平台,针对产业关键技术难题开展联合攻关,推动技术创新成果的转化。同时,为学生提供了参与实际科研项目的机会,培养了学生的科研能力和团队协作精神。技术创新促使企业更加积极地参与到学院的人才培养过程。企业技术专家走进课堂,带来行业最新技术动态和实践经验;学院教师深入企业了解技术创新需求,优化教学内容,进一步深化了产教融合。技术创新还助力现代产业学院提升服务产业的能力。随着产业的技术升级和转型，产业对技术服务的需求也日益增长。现代产业学院依托自身的技术创新成果和人才优势，为产业提供全方位的技术服务。比如，广西机电职业技术学院的智能制造工匠学院，为东盟的企业提供智能制造系统的设计、开发和优化服务，帮助企业实现生产过程的自动化、智能化，提高生产效率和产品质量。通过这些技术服务，现代产业学院不仅为产业发展提供了有力支持，还提升了自身在产业界的影响力和地位，实现了与产业的共同发展。滁州学院智能建造现代产业学院通过“四链”互补融通模式，将产业链、教育链、创新链和人才链有机结合，形成了独特的师资队伍建设路径。该模式在2022年被评为全国产教融合示范项目，并在全国范围内推广[7]。保定学院人工智能产业学院通过校企共建实验室和联合研发项目，成功开发了多项人工智能技术，并在2023年获得了国家级科技创新奖[8]。

3)技术创新促进学生的创新思维和解决复杂问题的能力提升

现代产业学院通过引入前沿技术和创新项目，培养学生的创新思维和解决复杂问题的能力。借助数字化教学工具，如虚拟仿真实验平台、在线学习管理系统等，教学方式变得更加多样化和高效。学生可以通过虚拟仿真平台进行复杂实验操作，在模拟真实的环境中提升实践能力。重庆城市管理职业学院现代物流管理专业群通过校企合作开发了“智慧物流创新实验室”，学生在其中参与智能仓储系统设计和物流大数据分析等创新项目，不仅提升了学生的技术能力，还为企业提供了创新成果[9]。在线学习管理系统能根据学生的学习数据提供个性化学习建议，实现精准教学。这种在技术创新的教学模式中培养出的学生，具备更强的创新思维和实践能力，能够更好地适应未来产业发展的需求。

因此，基于技术创新驱动下，现代产业学院由学校与行业企业联合设置，通过促进校、行、企之间物质、信息、知识、人才和技术等资源的共建共享，形成集专业教学、科技研发、企业服务和创新创业等功能于一体的混合型办学实体组织，是产教融合、协同育人的新机制和新模式[2]。

1.2　现代产业学院快速发展的动因与区域布局

1.2.1　现代产业学院快速发展的动因

现代产业学院的兴起背景与产业升级和高等教育改革的双重需求密不可分。近年来，全球经济结构发生了深刻变化，传统制造业逐渐向高端制造业和现代服务业转型，新兴产业如人工智能、大数据、新能源等迅速崛起。全球经济的快速发展和产业结构的深度调整对传统教育模式提出了前所未有的挑战，具体如下：

1. 技术创新和战略性新兴产业推动现代产业学院发展

1)技术创新已成为现代产业学院发展的关键驱动力

在当今时代，技术创新持续重塑产业的发展格局，为现代产业学院在人才培养、产教融合等方面注入强大活力。从人才培养角度来看，技术创新深刻改变了教学内容和方式。随着人工智能、大数据、物联网等技术的迭代，产业对人才的知识和技能要求也发生了显著变化。现代产业学院利于将新技术融入课程。例如，许多现代产业学院开设了人工智能算法、大数据分析技术、物联网应用开发等前沿课程，让学生接触到行业最新的知识和技术。湖南中医药大学创新中药现代产业学院与多家制药企业合作，共同开发课程并设立实践基地，学生在校期间即可参与企业真实项目，毕业后直接进入合作企业工作。根据 2022 年的统计，该学院就业率高达 95%。这种合作模式有效缩短了学生从学校到职场的适应期，为企业输送了高素质人才[10]。根据 2022 年的统计数据，宿迁学院园林专业毕业生的就业对口率达到 85%，远高于传统院校的 60%[11]，这体现了现代产业学院在人才培养方面的优势。为此，技术创新是产业升级迭代更新的关键要素，推动了数字化转型，催生新质生产力，带来了数字化、智能化的新产业和新业态[12]。

2)战略性新兴产业推动了现代产业学院发展

新质生产力以创新、技术变革、数字化转型为核心,推动区域产业持续创新和经济增长,促使产业升级和转型呈现出前所未有的速度。以中国为例,数字经济规模由 2012 年的 11.2 万亿元增长至 2023 年的 53.9 万亿元,11 年间规模扩张了 3.8 倍。截至 2023 年底,我国人工智能核心产业规模接近 5800 亿元。工业和信息化部部长金壮龙表示,人工智能为经济社会发展注入新动能,正在深刻改变人们的生活方式和生产方式。要聚焦人形机器人、脑机接口、元宇宙、下一代互联网、6G、量子科技、原子级制造、深海空天开发等领域,加速数字产业发展[13]。为此,产业结构的快速变化直接导致人才需求结构相应转变,岗位能力也随之变化,对人才培养与产业发展的契合度和灵活度提出了更高要求。传统教育模式下培养的人才已难以满足新兴产业对高素质应用型人才的需求。以人工智能产业为例,2022 年全球 AI 人才需求增长超过 300%,但高校培养的 AI 人才仅能满足不到 30%的市场需求[14]。

3)从人才培养与产业需求契合度分析

传统教育模式在课程设置、教学方法和实践能力培养方面存在明显滞后性,难以满足新兴产业对高素质应用型人才的需求。其教学内容往往局限于单一学科的知识传授,难以培养出符合产业发展需求的复合型人才。研究表明,超过 60%的企业认为高校培养的人才与企业需求存在明显差距[6]。2023 年《中国人工智能人才发展报告》显示,超过 70%的企业对人才的综合能力,包括技术能力、创新思维和跨学科知识储备,提出更高要求。而人工智能(AI)行业迎来了爆发式增长,尤其是以 ChatGPT 为代表的 AIGC 技术,不仅推动了行业的快速发展,也极大地提高了人们对 AI 能力上限的认知。据猎聘大数据研究院发布的《2023 年人工智能行业人才浅析报告》显示,北京市在 AI 企业数量和创新能力方面领先全国,预计未来 AI 行业将继续保持强劲的人才需求和行业增长势头。

随着产业间的跨界融合趋势加剧,行业边界逐渐模糊,导致复合型、创新型的高技能高素质人才急缺[15]。现代产业对人才的要求已从单一技能型向复合能力型转变[16]。为了培养适应和引领现代产业发展的高素质应用型、复合型、创新型人才，现代产业学院人才培养模式是高等教育支撑经济高质量发展的要求，是推动高校分类发展、特色发展的重要举措。现代产业学院通过引入企业资源，打破了传统教育的封闭性。助力知识高效转化为现实生产力，为生产力的发展源源不断地输送人才与智力支撑。浙江大学与阿里巴巴共建的“阿里云大数据学院”，将企业真实项目作为教学案例，使学生在校期间就能接触到行业前沿技术。这种模式不仅提升了学生的实践能力，也为高校教师提供了接触产业前沿的机会[18]。

2. 政策推进现代产业学院发展

现代产业学院的发展得到了国家层面的高度重视。根据教育部2020年发布的《现代产业学院建设指南》，全国已有超过500所高校与企业共建现代产业学院[6]。2021年，教育部等六部门联合印发《关于推进现代产业学院建设的指导意见》，明确提出要深化产教融合、校企合作。《利益相关者视域下的现代产业学院建设》研究显示，政策支持力度与产业学院建设成效呈显著正相关[19]。《职业教育提质培优行动计划》提出产业学院需聚焦区域产业需求，优化专业设置，培养适应产业升级的人才，通过深化产教融合、创新人才培养模式、整合资源平台、强化政策支持等路径，推动产业学院成为校企协同育人、服务区域经济的重要载体，支持产业学院承接企业技术攻关、产品开发等任务，重点培养应用型、复合型、创新型技术技能人才[20]。

3. 教育数字化驱动教育创新

教育数字化是教育高质量发展的重要支撑。借助数字化技术，学校能构建丰富的教学资源库，如虚拟仿真平台、在线课程和AI助教等，为学生提供灵活的学习方式。截至2023年底，中国的国家智慧教育平台累计注册用户突破1亿，中国慕课已上线超过7.68万门课程，成为全球最大的教育教学资源库之一[21]，为学生提供了海量、多样化、个性化的学习资源。教育数字化还推动了实践教学模式的创新。如通过虚拟仿真技术，解决实践教学中设备不足或实践耗材成本过高的问题；利用人工智能、大数据、知识图谱等技术，教育者能够更准确地评价学生的学习状态和需求，实现教学内容和方法的个性化定制，满足不同学生的学习需求。

4. 现代产业学院搭建起教育与产业、理论与实践、科研与应用的桥梁

现代产业学院快速发展是产业升级和高等教育改革共同作用的结果。通过产教融合，这种新型教育模式不仅解决了传统教育与实践脱节的问题，也为产业发展提供了有力的人才支撑。现代产业学院宛如一座坚固且多元的桥梁，紧密连接起教育与产业、理论与实践、科研与应用。

在教育与产业之间，现代产业学院根据产业实际需求设置专业课程，打破院校传统学科界限。产业专家深度参与教学，院校教师也积极投身产业实践，让教育内容精准对接产业发展，培养适配产业的专业人才，为产业源源不断注入新生力量，推动产业升级。

理论与实践的鸿沟，因现代产业学院而弥合。学生在校内汲取扎实的理论知识后，能借助学院搭建的实践平台，深入企业一线实操，将理论知识用于解决实际问题，在实践中深化对理论的理解，提升动手与创新能力，实现从书本到职场的无缝过渡，以岭南师范学院为例[22]。

科研与应用方面，学院聚焦产业技术难题开展科研攻关，高校科研成果借助现代产业学院迅速转化为实际生产力，加快科技成果落地。企业需求也反向推动科研方向的调整，促使科研更贴合市场，形成科研与应用相互促进、循环发展的良好态势，全方位助力社会经济发展。例如：教育部立项建设的首批现代产业学院包括机器人现代产业学院、腾讯云人工智能学院、工业互联网学院、健康医药现代产业学院等，广西职业技术学院大数据产业学院、广西机电职业技术学院人工智能产业学院等。

未来，随着产业结构的进一步调整和技术的快速发展，现代产业

学院在人才培养方面将发挥更为重要的作用。

1.2.2 现代产业学院的区域分布分析

现代产业学院在全国范围内的分布呈现出显著的区域不均衡性，主要集中在经济发达地区和产业集聚区。

首先，经济实力强和产业资源丰富的发达地区是现代产业学院布局的核心区域。以长三角、珠三角和京津冀地区为例，根据2022年教育部发布的《现代产业学院建设与发展报告》，全国已建成的现代产业学院中，长三角地区占比达到35.6%，珠三角地区占比为28.3%，京津冀地区占比为18.7%，三大区域合计占比超过80%。广东省的现代产业学院建设走在全国前列。截至2023年，广东省已建成各类现代产业学院超过50所，其中深圳、广州、东莞三地的产业学院数量占全省总量的70%以上[23]。这些产业学院与当地电子信息、智能制造、生物医药等优势产业紧密结合，形成了“一校一特色、一院一产业”的办学格局。深圳职业技术大学与华为合作共建的ICT产业学院，每年为华为及其生态企业输送超过1000名高素质技术技能人才。

其次，现代产业学院受区域经济发展水平和资源投入多少的影响。以研发投入为例，2022年长三角地区现代产业学院的年均研发投入达到5000万元，而中西部地区仅为1500万元左右[23]。这种投入差距直接影响了现代产业学院的办学条件和人才培养质量。区域间的人才流动也呈现出明显的“虹吸效应”，经济发达地区更容易吸引优质师资和企业资源，进一步加剧了区域发展的不平衡。

此外，产业集聚区的现代产业学院建设同样具有显著优势。以苏州工业园区为例，该区域集聚了超过5000家高新技术企业，形成了电子信息、生物医药、纳米技术等完整的产业链。园区内已建成5所现代产业学院，包括苏州大学纳米产业学院、西交利物浦大学人工智能产业学院等，这些学院与园区内企业建立了深度合作关系，形成了“产学研用”一体化的人才培养模式。数据显示，2023年，园区内现代产业学院的毕业生本地就业率超过 85%，显著高于全国平均水平[24]。

最后，中西部地区现代产业学院的发展相对滞后。河南省拥有众多高校和丰富的产业资源，但现代产业学院建设起步较晚，在数量和质量上与东部地区存在明显差距。截至 2023 年，河南省仅有 15 所现代产业学院，且这些学院主要集中在郑州、洛阳等中心城市。这种区域发展不平衡不仅制约了中西部地区产业转型升级，也影响了全国现代产业学院的均衡发展。

现代产业学院的区域分布特点还受到地方政策的影响。重庆市出台《现代产业学院建设三年行动计划》，在汽车、电子信息、智能制造等领域重点布局现代产业学院。政策支持是推动现代产业学院区域集聚的重要因素[25]。浙江省出台《关于深化产教融合推进现代产业学院建设的实施意见》，明确提出到 2025 年建成 100 个省级现代产业学院的目标。在政策引导下，杭州、宁波等地的现代产业学院建设快速推进，形成了以数字经济、智能制造为特色的产业学院集群。2022 年浙江省现代产业学院毕业生就业率达到 98.5%，其中对口就业率超过 75%[24]。

从国际比较来看，我国现代产业学院的区域分布特点与德国“双元制”教育模式有相似之处。德国的职业教育机构主要分布在工业发达地区，如巴伐利亚州和北莱茵-威斯特法伦州，这些地区拥有强大的制造业基础和完善的产业链。与德国相比，我国现代产业学院的区域分布更加集中，且区域间差距更为明显[26]。这种差异既反映了我国区域经济发展的不平衡性，也凸显了现代产业学院建设的区域协调难题。

从长远来看，随着国家区域协调发展战略的推进和中西部地区产业转型升级的加快，现代产业学院的区域布局将逐步优化。2022 年，成渝地区双城经济圈现代产业学院数量同比增长 35%，显示出强劲的发展势头[27]。未来，随着区域间产业转移和协同发展的推进，现代产业学院的区域分布将更加均衡，形成东、中、西部协调发展的新格局。

1.3 现代产业学院的建设框架

1.3.1 基本原则

1. 立德树人，育人为本

坚持立德树人根本任务，以提升应用型人才培养质量为目标，推动学校人才培养供给与产业链紧密对接，培养和造就符合行业发展需要的高素质应用型人才，为服务地方产业发展提供有力支撑和服务[6]。

2. 优化结构，服务产业

选择具有需求的产业链、创新链；深入分析学校学科专业与产业链、创新链的对应关系，构建紧密对接产业链、创新链的应用型专业集群。现代产业学院开展面向行业的产学研深度合作，突出学校自身比较优势，明确服务定位和发展方向。

3. 整合资源，融合发展

积极探索跨业界、跨学科、跨专业整合教学资源，将应用型人才培养、“双师双能型”教师专业化发展、实训实习实践、学生创新创业、科研成果转化、产品研发等功能有机融合，打造集产、学、研、转、创、用“六位一体”，互利、互动、多赢的教育创新平台。

4. 多元协同，共建共管

充分发挥学校与地方政府、行业协会、企业等多方办学的主体作用，形成共同建设、共同管理、共享资源、共担责任的有效管理体制和机制。

1.3.2 主要建设内容

1. 对接产业发展需求，提升人才培养质量

根据学校现有专业，结合产业发展趋势，依托产业学院与企业

合作建强产业急需的专业；深化专业建设内涵，突出产业导向和应用导向，推进学科专业的交叉融合，着力将传统专业建设成为应用型新工科、新文科专业；与合作企业、行业协会成立专业建设指导委员会，利用行业标准和企业资源积极开展专业认证，提升专业建设内涵。

2. 多元协同育人，深化人才培养模式改革创新

现代产业学院要以产业发展和岗位需求为导向，持续优化企业深度参与专业建设和人才培养的途径与模式。校、企、行等多方联合组建协同育人共同体，加强协同育人机制建设，协同修订人才培养方案、联合培养师资、联合制定课程体系、联合研究教科研项目、联合实施教学和考核、联合共建实验实训基地、联合指导毕业设计、联合组织学科竞赛、联合拓展就业途径，推动学校专业人才培养模式改革向纵深发展。协同育人共同体对接产业发展和人才培养需求，及时为产业学院引入新设备、新技术、真实项目和行业人才，积极探索创新创业教育改革，培养学生的创新精神、创业意识和创新创业能力，为行业企业输送一批与岗位需求紧密对接的高素质应用型人才。

3. 校企共建共享，开发一批校企合作课程(教材)

现代产业学院根据共同育人需求，与合作企业、行业协会、用人单位深度合作，推进校企合作课程建设，校企联合开展课程结构优化、联合组织课程教学、联合编写教材讲义等工作。推动现代产业学院将产业新技术、新工艺、新规范、新标准纳入教学标准和教学内容，加快课程教学内容迭代，实现课程内容与行业标准、生产流程、项目开发等产业需求科学对接，建设一定数量的高质量校企合作课程、教材和工程案例集。

4. 校企协同数字化治理，建设一体化实践实习实训平台

数智赋能，通过应用人工智能、大数据、云计算、物联网等技术，推动现代产业学院治理的数字化转型。通过引企驻校、校企一体等

方式，依托现代产业学院吸引优质企业与学校共建、共管、共享生产性实训基地和数字化的教学管理平台，借助集教学与生产一体的实验实训设备平台，承接企业项目，为学生提供更加便利的实践场所和实习岗位，检验学生学习水平的同时引导学生参与创新创业项目。鼓励行业企业将技术革新项目作为大学生毕业设计（论文）的课题来源，实行“双导师制”进行指导，实行真题真做、真项目真干、成果导向、评价优化，培养学生创新精神和实践动手能力。

5. 校企互聘“双师双能”教师，打造教师教学创新团队

依托现代产业学院内部管理机构设立若干教师专岗，支持行业协会、企业技术骨干和管理人才到产业学院任教；开展校企教师联合授课，将学校教师送入企业进修，提升实操能力；企业师资进校参加校本培训，提高授课水平；共同打造“双师双能型”教学团队；开展师资交流、研讨和培训等活动，将产业学院建设成“双师双能型”教师培养培训基地。

6. 科教融汇，提升学校服务地方经济发展能力

发挥学校科技优势和人才优势，整合各方资源，共建服务地方特色产业的技术研发中心、联合实验室，与合作企业共同开展课题研究、专利申请，联合开展企业技术攻关、产品开发、成果转化和项目孵化等工作，共享研究成果，促进科技成果转化，提升学校服务地方经济社会发展的能力。

1.4 现代产业学院的组织架构设计

1.4.1 组织架构的组成

组织架构（Organizational Structure）是指一个组织内部的正式框架，它定义了组织的各个部分如何相互关联，以及它们如何共同工作

以达成组织的目标。组织架构通常包括以下几个方面。

1. 层级结构

明确组织的层级，包括高层管理、中层管理和基层操作等不同级别的职责和权限。

2. 部门划分

根据功能、产品、地理或客户类型等不同标准，将组织划分为不同的部门或单位。

3. 职能分工

定义每个部门或个体成员的职责和工作范围，确保各项任务和流程顺利执行。

4. 职权关系

规定组织内部的职权和责任，包括决策权、执行权和监督权等。

5. 沟通渠道

确立组织内部的信息流通和沟通方式，包括正式和非正式的沟通途径。

6. 协调机制

建立协调不同部门或团队工作的机制，以确保组织目标的一致性和协同效应。

7. 人员配置

根据组织目标和任务需求，合理分配人力资源，确保每个职位都有合适的人选。

8. 规章制度

制定组织运作的规则和程序，包括工作流程、标准操作程序和行为准则等。

9. 技术架构

在某些组织中,技术架构也是组织架构的一部分,包括信息技术系统和工具的使用。

10. 组织文化

虽然不是正式的结构,但组织文化对组织架构的实施和组织成员的行为有着深远的影响。

1.4.2 组织架构设计原则

1. 目标导向原则

育人为本,始终将立德树人作为根本任务,以提高人才培养能力为核心,推动学校人才培养与产业需求紧密对接,以育人目标为导向,依托优势学院的专业,科学定位人才培养目标,构建与产业链、创新链紧密对接的专业体系,增强人才对经济高质量发展的适应性。

2. 共建共管原则

强化高校、地方政府、行业协会、企业机构等多元主体协同,形成共建共管的组织架构,探索理事会、管委会等治理模式,赋予现代产业学院改革所需的人事权、财权,建设科学高效、保障有力的制度体系[6]。打破多元主体之间的合作壁垒,创新管理方式,充分发挥高校与地方政府、行业协会、企业机构等办学主体作用,加强区域产业、教育、科技资源的统筹和协调,推进共同建设、共同管理、共享资源,实现现代产业学院可持续、内涵式创新发展。例如,在管理层面,吸纳企业高管与院校领导共同组建理事会,共商学院发展战略;教学上,企业导师与院校教师联合授课,将企业实践项目融入教学过程,实现教育资源与产业资源共享、优势互补。

3. 灵活适应原则

一是产业发展迅速,组织架构要具备灵活性。二是根据产业动态及时调整专业方向、课程内容，增设新兴技术相关部门或团队。三是创新资源配置模式，适应区域、行业、产业特点，结合高校自身禀赋特征，增强“自我造血”能力，打造产教融合示范区，实现教育链、创新链、产业链的深度融合[6]。四是推动学科交叉融合，形成新工科、新农科、新医科、新文科等多学科协同的教育模式，以适应现代产业跨界发展的需要。

4. 权责明晰原则

明确各部门、各岗位的职责与权力。教学部门专注课程设计与教学实施，产业合作部门负责拓展企业资源、对接实践项目，避免职责不清导致的推诿与低效，保障学院有序运行。

5. 质量保障原则

构建全方位质量保障体系，从招生选拔、教学过程监控到学生就业跟踪，每个环节都制定严格的质量标准。定期评估教学效果、企业满意度，根据反馈持续改进，确保人才培养质量契合产业需求。

1.5　本章小结与展望

本章围绕现代产业学院展开了多方面的论述。首先明确了现代产业学院的内涵，其概念在不同阶段不断演进，从早期学校主导的简单合作模式，逐步发展为多元主体参与、功能多样的办学实体，这一过程体现了产业结构调整和国家政策推动的影响。接着剖析了现代产业学院的核心特征，混合型和创新驱动是其显著特点，混合型促进了资源整合与人才培养，创新驱动则贯穿于组织架构、技术发展、产教融合以及学生能力培养等各个环节。

在探讨现代产业学院快速发展的动因时，发现战略性新兴产业发展带来的人才需求转变、国家政策的大力支持以及教育数字化的推动，共同促使其迅速发展。而在区域布局方面，呈现出区域不均衡的特点，经济发达地区和产业集聚区发展较好，中西部地区相对滞后，但随着国家战略的推进，区域布局有望逐步优化。关于现代产业学院的建设，明确了其建设框架和基本原则，旨在构建科学合理、高效运行的组织体系，实现人才培养服务产业发展的目标。

展望未来，现代产业学院在人才培养、产教融合以及推动区域经济发展等方面将发挥更为重要的作用。随着产业的持续升级和科技的不断进步，现代产业学院需不断创新发展模式，加强与各方的合作交流，提升自身办学质量和服务水平。在区域协调发展战略的推动下，各地区的现代产业学院有望实现更均衡的发展，形成特色鲜明、协同共进的发展格局，为我国经济社会的高质量发展提供坚实的人才支撑和智力保障。

第2章 产教融合视角下的现代产业学院人才培养模式

2.1 现代产业学院人才培养模式的内涵

职业教育的人才培养，是教育和培训机构依据职业岗位能力与素质要求，通过系统教育计划和实践活动，为社会培育具备特定知识、技能与素质人才的过程。这一过程旨在满足社会、经济和文化发展的需求，以及符合特定行业或职业领域的专业标准。

人才培养模式是在特定教育理念指导下，为实现特定人才培养目标而设计的系统性教育方案。它不仅涵盖了课程设置、教学方法和评价体系等核心要素，还通过整合教育资源与产业需求，构建了一个完整的教育实践框架[27]。

人才培养模式的构成要素是决定其有效性和适应性的核心框架，其中目标设定、课程体系、教学方法、实践环节和评价机制等要素相互作用，共同塑造了人才培养的质量和效果[28]。在人才培养模式中，这些构成要素并非孤立存在，而是紧密关联、相互作用的，具体表现为：目标设定为课程体系提供了方向，课程体系为教学方法提供了内容，教学方法为实践环节提供了手段，实践环节为评价机制提供了依据，而评价机制又为目标设定提供了反馈。这种动态循环的机制确保了人才培养模式的持续优化和适应性。以广西机电职业技术学院人工智能技术学院为例，其通过产教融合模式，将产业需求贯穿于目标设定、课程设计、教学实施和评价反馈的全过程，形成了闭环式的人才培养体系[29]。2023 届毕业生就业率达 90%,且受到企业高度认可。

构成要素的优化并非一蹴而就,需要结合具体情境进行动态调整。高职院校在建设现代产业学院时,普遍面临资源不足和校企合作深度不够的问题,需要通过政策支持和机制创新加以解决[30]。不同产业领域对人才的需求存在显著差异[31],例如人工智能产业需要学生具备较强的编程能力和创新思维,而畜牧产业则更注重学生的实践操作能力和行业认知。因此,人才培养模式的构成要素需要根据产业特点和教育规律进行灵活调整,以确保其适应性和有效性。

人才培养模式的构成要素是一个有机整体,其优化需要从目标设定、课程体系、教学方法、实践环节和评价机制等多个维度进行系统设计。通过不断融合产业需求和教育创新的最新成果,现代产业学院能够培养出符合时代要求的高素质应用型人才,为产业升级和社会发展提供有力支撑。

2.2 现代产业学院人才培养模式的主要理论

2.2.1 工作场所教育理论

工作场所就是一个将学习和工作联系在一起的学习场所,即在实践中学习(learning in practice)、通过实践学习(learning through practice)和依靠实践学习(learning by practice)。一般认为,工作场所学习就是在工作场所发生的学习,学习者在工作场所中发展工作能力的学习方式,是一种参与真实任务,并有熟练成员直接或间接指导的活动中获得知识和技能的途径[32]。

工作场所教育展现出鲜明特性,集中体现于如下多个层面:第一,其学习是在真实的工作环境中推进。工作环境所具备的先进程度,直接左右着从业者对技术技能的掌握水准。身处前沿工作场景,员工有机会接触并掌握行业内领先的技术与操作方法，这是学校模拟环境难以企及的。第二，奉行“工作和学习一体化”的理念。在工作场所，员工的学习与实际工作任务、目标紧密相连，每一项工作任务的执行进程，同时也是知识技能的学习、运用及强化过程，二者深度交融，难以区分。第三，学习内容和学校教育有明显差异。这里所涉及的学习内容，大多是程序化知识以及隐性的默会性知识。程序化知识明确了工作流程与操作步骤，保障了工作的规范与高效；默会性知识则潜藏于工作实践的经验、技巧及判断之中，需要员工在长期实践中慢慢领会与积累。第四，学习流程与学校学习存在本质区别。工作场所教育依据工作进程开展学习，从任务的发起、规划，到执行与结束，学生全程参与，在各个环节学习对应的知识和技能；并非像学校教育那样，按照学科体系的逻辑结构来安排学习顺序。第五，学习技术具有显著的先进性。企业面对激烈的市场竞争，为了谋求生存与发展，不得不持续更新设备，保持技术领先。这使得学生在工作场所能够接触到最新的技术设备与工艺手段，学习到行业前沿技术知识，助力自身职业技能提升。

当然，工作场所教育也并非毫无瑕疵，存在一些短板。与学校教育相比，它的学习成本相对较高，这既涵盖设备、场地等硬件投入，也包含师资培训、时间成本等方面。同时，其学员容纳量有限，难以像学校那样大规模地接收学员。学习效果受学习环境的影响极大，优良的工作氛围、先进的设备设施等，都会对学习效果产生直接影响。而且，学习过程对师傅的依赖程度较高，师傅的经验多寡、教学能力强弱等因素会显著影响学员的学习成果。

2.2.2　产教融合理论

在人才培养的生态体系里，学校扮演着人才供给方的关键角色，而企业则是人才的需求端。学校所培育的人才，绝非仅在数量上契合企业用工规模，更要做到人才的专业布局、层次架构与产业结构以及企业的人才需求结构动态演变、精准适配。回溯职业教育发展历程，1999 年，国家明确地方政府为职业教育的责任主体，这一决策为后续职业教育改革奠定了基石。2005 年，国务院印发《关于大力发展职业教育的决定》，创新性地提出“校企合作、工学结合”的人才培养新模式，旨在以市场机制为纽带，重塑教育与产业、学校与企业之间的关系。具体而言，在办学模式层面，学校需紧密对接企业，汲取企业资源、贴合企业实际需求；在教学模式上，全面推行工学结合，让学生在理论学习之余，深度参与企业实践。自那时起，“校企合作、工学结合”模式迅速成为职业教育的主流办学范式，人才的供需对接借助“订单培养”“冠名班”“集团化办学”等多元形式高效达成。究其实质，这一系列举措都是为了确保职业教育所培育的人才能全方位适应市场的真实需求，让人才培养与产业发展同频共振，为经济社会持续输送高质量的应用型人才。

在以上的基础上，国家于 2013 年提出产教融合。产教融合是资源、人员、技术、管理、文化等全方位的融合，具有校企双向互动、互利共赢的显著特点。通过这种深度融合，能够突破产业与教育发展进程中遭遇的瓶颈难题，彻底扭转人才培养与实际使用脱节的“两张皮”现象[32]。一方面提升人才培养与产业、企业人才需求的契合度；另一方面实现产业和教育融合创新共同发展，克服了以往仅仅把校企合作定位在人才培养上的局限性。可以说，以往的校企合作是单向的，而产教融合是双向的，是学校与产业“双向奔赴”，既满足学校提升办学质量、精准对接市场需求的诉求，也是产业实现转型升级、可持续发展的必由之路，极大地加深、拓宽了产业与教育之间的联系。2019 年国务院印发的《国家职业教育改革实施方案》对产教融合、校企合作的功能定位是“人才培养、技术创新、就业创业、社会服务、文化传承”五大维度，为产教融合在新时代的深化发展提供了清晰指引，让产教融合的内涵更加饱满、立体，推动产教融合朝着更高质量、更具活力的方向大步迈进。2023 年国家发展改革委在《职业教育产教融合办学形态、拓展产教融合培养内容、优化产教融合合作模式、改造产教融合新型载体等[33]，为产教融合的人才培养模式实施提供了政策支持。

产教融合的理论依据主要来源于教育经济学、人力资本理论和协同创新理论，这些理论为产教融合提供了坚实的学术支撑和实践指导。教育经济学强调教育资源的优化配置与经济效益的最大化。通过产教融合，高校能够将教育资源与产业需求紧密结合，提升教育投资的回报率。根据 2022 年的一项研究，参与产教融合项目的高校毕业生就业率比传统教育模式高出 15%，且毕业生平均薪资水平提升了 20%。这种模式不仅提高了教育资源的利用效率，还为企业输送了高质量的人才，实现了教育与经济的双赢。

人力资本理论则从个体能力提升的角度为产教融合提供了理论支持。该理论认为，人力资本是经济增长的核心驱动力，而教育与培训是提升人力资本的主要途径。通过产教融合，学生能够在真实的工作环境中积累实践经验，提升职业素养和技能水平。以德国“双元制”教育模式为例，学生在企业实习期间不仅掌握了专业技能，还培养了团队协作和问题解决能力，这使得德国制造业在全球范围内保持了强大的竞争力。这种理论与实践相结合的模式，显著提升了学生的就业竞争力和职业发展潜力。

协同创新理论进一步强调了多方合作在创新过程中的重要性。产教融合通过高校、企业和政府的协同合作，打破了传统教育模式的封闭性，形成了开放式的创新生态系统[34]。湖南中医药大学与多家医药企业合作共建的“创新中药现代产业学院”，通过联合研发项目和技术转移，不仅推动了中医药产业的创新发展，还为学生提供了参与前沿科研的机会[10]。这种协同创新模式不仅加速了科技成果的转化，还培养了具有创新精神和实践能力的高素质人才。

从教育经济学的角度来看，产教融合能够有效降低教育成本并提高教育质量。高校通过与企业的合作，可以共享实验室、设备和师资资源，减少重复投资。重庆城市管理职业学院与物流企业共建现代产业学院，通过引入企业真实项目作为教学案例，不仅节省了教学成本，还提升了课程的实用性和针对性。这种资源共享的模式，使得教育资源得到了更高效的利用，同时也为企业提供了定制化的人才培养服务。

人力资本理论的应用还体现在产教融合对学生职业发展的长期影响上。通过参与企业实习和项目实践,学生能够提前适应职场环境,积累职业经验。以宿迁学院的园林专业为例,该校通过与园林企业合作,构建了基于产业需求的实践教学体系,学生在校期间即可参与企业实际项目,毕业后直接进入合作企业工作,职业发展路径更加清晰。这种模式不仅缩短了学生的职业适应期,还为企业提供了稳定的人才资源。

协同创新理论在产教融合中的应用,进一步推动了教育与产业的深度融合。通过建立校企联合实验室和创新中心,高校与企业能够共同开展技术研发和成果转化。“双碳”电力与智能家电产业学院通过联合研发智能家电技术,不仅推动了产业升级,还为学生提供了参与前沿技术研究的机会[35]。这种协同创新模式,不仅提升了高校的科研水平,还为企业提供了技术支持和创新动力。

产教融合的理论依据不仅为教育模式的创新提供了理论支撑,还为实践中的具体操作提供了指导。通过教育经济学的资源配置优化、人力资本理论的能力提升路径以及协同创新理论的多方合作机制,产教融合在提升教育质量、促进产业发展和推动社会进步方面发挥了重要作用。产教融合强调职业教育应紧跟产业发展的步伐,通过教育改革,使人才培养更加符合产业实际需求,从而推动产业升级和经济结构优化。工作场所教育论认为,学习应与实际工作紧密结合,实践中学习、通过实践学习以及依靠实践学习,能实现知识与技能的有效转化。产教融合的本质是强化实践教学,通过建立校内外实训基地、深化教学改革等措施,加强学生实践操作能力的培养,使学生能够在真实的工作环境或真实的工作项目(任务、案例)中学习和应用理论知识。课程优化方面,采用基础课程、专业课程和拓展课程的模块化课程设置,以适应不同学生的学习需求和职业发展。因此,产教融合指产业与教育系统的深度合作,通过校企共建产业学院、实训基地等方式,核心在于实现教育与产业的深度结合,实现教育资源与产业需求的直接对接,促进教育内容与企业实际需求的紧密结合,最终实现人才培养与产业需求的有效对接。未来,随着产业结构的进一步升级和技术变革的加速，产教融合的理论与实践将继续深化，为培养适应未来社会需求的高素质人才提供更加坚实的保障。

2.3　基于产教融合的人才培养模式特点

产教融合作为现代产业学院的核心理念之一，其本质在于通过校企合作实现教育与产业的深度结合，从而培养出符合市场需求的高素质人才。这种融合不仅仅是简单的合作，而是通过资源共享、优势互补，将教育过程与产业需求紧密结合，形成一种动态的、可持续的人才培养机制。

在中国，产教融合的实践也在逐步深化。以湖南中医药大学创新中药现代产业学院为例，学院通过与多家知名中药企业合作，将企业的实际需求融入课程设计，使学生在校期间即可参与企业的研发项目，毕业后直接进入企业工作。据统计，该学院毕业生的就业率高达 95%，其中超过 80%的毕业生进入合作企业工作[10]。这种模式不仅解决了企业的人才需求问题，也为学生提供了更多的实践机会和就业保障。

产教融合的另一个重要特点是其跨学科性。以重庆城市管理职业学院的现代物流管理专业群为例，学院通过与物流企业合作，将物流管理、信息技术、供应链管理等多个学科的知识融合在一起，形成了独特的课程体系。学生在学习过程中不仅掌握了物流管理的基本理论，还通过企业实习积累了丰富的实践经验。数据显示，该专业群毕业生的平均薪资水平比传统物流管理专业高出 20%以上[25]。

产教融合的实施也面临一些挑战。首先是资源分配不均的问题。以广东省为例，虽然部分高校在产教融合方面取得了显著成效，但仍有大量高校由于资源不足，难以开展深度的校企合作。其次是评价体系不完善。目前，大多数高校的产教融合评价体系仍然以学生的就业率和薪资水平为主要指标，缺乏对学生创新能力、职业素养等方面的全面评估[23]。

综上，产教融合作为一种新型的人才培养模式，其核心在于通过校企合作实现教育与产业的深度结合。通过资源共享、优势互补，产教融合不仅能够培养出符合市场需求的高素质人才，还能够推动教育与产业的共同发展。尽管在实施过程中面临一些挑战，但随着政策的不断完善和资源的逐步优化，产教融合的未来发展前景依然广阔。

2.4 基于产教融合的人才培养模式实施路径

2.4.1 丰富产教融合办学形态

为促进职业教育与产业深度融合，鼓励职业院校积极联合企业、科研院所，携手开展协同创新行动。各方应合力共建重点实验室、工程研究中心、技术创新中心、创业创新中心、企业技术中心等多元化创新平台，将这些平台作为服务地方中小微企业的前沿阵地，助力其攻克技术升级难题，高效开展产品研发工作。在实践育人环节，大力推动职业院校与企业“双向奔赴”。职业院校要主动在企业设立实习实训基地，让学生能够在真实的产业环境中磨炼技能；企业也需在职业院校内建设培育培训基地，深度参与人才培养，从源头为自身储备优质人才。此外，还应积极推动校企双方共建共管产业学院、企业学院。通过这种深度合作办学模式，拓展职业院校的办学空间，打破传统校园界限，实现教育教学与产业实践无缝衔接，让职业教育更精准对接市场需求，为产业发展源源不断地输送高素质技术技能人才[33]。

产教融合的实施路径不仅需要高校和企业的共同努力，还需要政府、行业协会等多方参与，比如德国“双元制”教育模式的成功经验表明，行业协会在制定职业标准、协调校企合作等方面发挥了重要作用。借鉴国际经验，我国可以通过建立行业协会主导的产教融合平台，推动校企合作的规范化和标准化。

2.4.2　拓展产教融合培养内容

引导企业深度参与职业院校专业规划、教材开发、教学设计、课程设置、实习实训，实行校企联合招生、开展委托培养、订单培养和学徒制培养，促进企业需求融入人才培养各环节。支持企业接收学生实习实训，引导企业按岗位总量的一定比例设立学徒岗位。

2.4.3　优化产教融合合作模式

鼓励具备条件的产业园区，与职业院校、普通高校携手合作，兴办混合所有制分校或产业学院。积极支持并规范社会力量投身职业教育事业，借助企业资本注入、社会资本参与等多元途径，大力推进职业院校股份制、混合所有制改革进程。依法保障企业能够凭借资本、技术、管理等关键要素参与办学活动，并充分享有与之对应的合法权益。

大力倡导以产业园区为依托，构建市域产教融合联合体，同时在重点行业、关键领域着力打造行业产教融合共同体。充分发挥职教集团（联盟）、市域产教融合联合体以及产教融合共同体的协同作用，持续提升人才培养质量，为实现高质量就业筑牢根基，推动职业教育与产业发展深度融合、同频共振，全方位服务经济社会发展大局[33]。

2.4.4　构建协同育人生态系统

在产业升级与人才需求结构深度调整的当下，构建一个协同育人的生态系统已成为推动职业教育高质量发展、精准对接市场需求的关键路径。这一生态系统聚焦专业建设、课程共建、教材建设、师资共享、实践基地建设等核心环节，通过系统化设计与实施，打造全方位、深层次的职业教育体系，促进各要素间的良性互动与协调发展。

1. 锚定产业需求，精准布局专业

建立专业建设指导委员会，邀请行业专家、企业高管参与专业规划与建设，确保专业定位精准、培养目标明确，使专业设置与产业需求同频共振。紧密对接区域产业发展趋势与市场需求，深入调研行业动态、企业岗位设置及人才需求规格，动态调整与优化专业结构。以新兴产业和技术为导向，增设新能源装备制造、人工智能应用技术等前沿专业；对传统优势专业，如机械制造、服装设计等，依据产业转型升级需求进行改造升级，融入数字化、智能化技术元素。

2. 校企共建共享，打造职教优质课程

课程共建共享是协同育人的重要环节。校企双方组建联合课程开发团队，共同制定课程标准、设计与开发课程内容。紧扣行业最新技术、工艺及职业岗位能力要求，将企业真实项目、工作流程转化为教学案例与实践任务融入课程。例如，在软件开发课程中，引入企业正在进行的实际项目，让学生从需求分析、设计架构到编码实现，全程参与。定期更新课程内容，确保教学内容始终贴合产业发展需求，培养学生具备扎实的专业知识与实际操作技能，提升其职业适应能力。

3. 产教融合赋能，编写数字化教材

由职业院校骨干教师、企业一线技术专家、教育技术专家与数字化内容设计师共同构成编写团队。职业院校教师凭借深厚的专业理论知识与教学经验，把控教材知识体系架构；企业技术专家提供最新产业案例、实操流程与行业标准，确保内容涵盖理论知识、实践操作、案例分析及拓展训练等板块，突出实用性与针对性，以企业实际生产案例、行业标准为核心素材；教育技术专家依据教学理论与学生认知特点，规划数字化教材的交互设计与学习路径；数字化内容设计师负责将文字、图像、音频、视频等多元素材整合，打造沉浸式数字学习体验，开发立体化教材，配套线上教学资源，如虚拟仿真实验、在线课程视频、电子课件等，为学生提供多样化学习渠道，增强学习效果。

4. 双向流动互通，锻造“双师型”队伍

师资共享是产教融合的重要支撑，通过引入企业专家担任兼职教师或实践导师，弥补高校教师实践经验不足的短板。建立师资共享机制，促进校企人才双向流动。一方面，聘请企业技术专家、能工巧匠担任兼职教师，定期到学校授课、开展讲座、指导实践教学，将企业最新技术、管理经验与行业发展动态带入校园。另一方面，学校选派教师到企业挂职锻炼，参与项目研发、生产管理等工作，积累实践经验，提升实践教学能力。鼓励教师参与企业技术创新与产品研发，与企业共建技术研发中心或工作室，实现产学研一体化发展。通过双向交流，打造一支既精通理论教学又具备丰富实践经验的“双师型”师资队伍，为协同育人提供坚实保障。重庆城市管理职业学院现代物流管理专业群产业学院通过聘请物流企业高管和技术骨干担任实践导师，将企业最新技术和管理经验带入课堂，有效提升了教学质量。同时，高校教师通过参与企业技术研发和项目实践，提升了自身的实践能力和产业认知，形成了“双师型”教师队伍[25]。这种双向流动机制不仅优化了师资结构，还促进了校企之间的深度合作。

5. 校企共建共管，搭建实训平台

实践基地建设是产教融合的重要载体，通过校企共建实验室、实训基地和创新中心，为学生提供真实的实践环境，是促成学生将理论知识转化为实践能力的关键。校企共建校内实训基地与校外实习基地，实现资源共享、优势互补。

校内实训基地模拟企业真实生产环境，配备先进设备与仪器，建设理实一体化教学车间，开展项目式、模块化实践教学。宿迁学院园林专业通过与园林企业合作共建实践教学基地，将企业真实项目引入实践教学，使学生在基地中参与从设计到施工的全过程，显著提升了学生的实践能力[11]。这种实践基地不仅为学生提供了动手操作的机会，还为企业培养了符合需求的专业人才，实现了校企双赢。

校外实习基地依托合作企业，为学生提供真实工作岗位，让学生参与企业生产运营全过程。例如，物流专业学生可在合作物流企业的仓储中心、配送网点进行实习，了解物流运作流程与管理模式。建立实践基地的管理与考核机制，明确校企双方职责，确保实践教学质量，培养学生职业素养与岗位技能，实现人才培养与企业用人无缝对接。

6. 校企科教融汇，推动成果转化

科研合作是产教融合的高层次体现，通过校企联合开展技术研发和项目攻关，推动科研成果的转化与应用。滁州学院智能建造现代产业学院与建筑企业合作开展智能建造技术研究，开发了多项具有自主知识产权的技术成果，并成功应用于实际工程项目中[7]。这种科研合作不仅提升了高校的科研水平，还为企业提供了技术支持和创新动力，推动了产业转型升级。

2.4.5 健全激励扶持组合举措

产教融合的高效推进，离不开完善的政策支持体系与坚实的制度保障。为助力现代产业学院迈向高质量发展之路，需整合多方资源，从金融、财税、土地等维度发力，构建全方位、多层次的制度“组合拳”。以广东省为例，当地政府通过出台专项政策，积极鼓励高校与企业携手共建产业学院。不仅在资金层面予以大力支持，还在政策上给予倾斜，成功搭建起产教融合的长效运作机制，为产业学院的稳健发展筑牢根基，推动产教融合从理念走向实践，实现可持续推进[23]。

为进一步深化产教融合，应着手制定和出台更具针对性的支持政策文件。相关部门要全面梳理现行职业教育产教融合政策，精准聚焦发展过程中暴露出的各类问题，深度挖掘、创新激励扶持举措，精心编制指导性政策文件。在这一过程中，持续健全“金融＋财政＋土地＋信用”组合式激励机制，为地方因地制宜制定落地政策提供有力依据，确保政策精准适配各地实际需求[33]。

在金融支持方面，国家发展改革委正积极作为，不断加大向金融机构推荐职业教育产教融合中长期贷款项目的工作力度。鼓励银行机构秉持“风险可控、商业可持续性”原则，为产教融合项目及产教融合型企业开辟融资绿色通道，助力其破解资金难题。同时，引导保险机构开发契合产教融合需求的特色保险产品，分散项目风险。此外，全力支持符合条件的产教融合型企业进军资本市场，通过上市融资拓宽发展资金来源；推动符合条件的企业发行社会领域产业专项债券，所募资金重点投向实训基地建设，夯实产教融合硬件基础。

在财税政策扶持上，部分地方财政部门已先行一步，通过实施减税举措，切实减轻产业学院运营负担，激发其发展活力，为产教融合注入财税动力，促进产业学院轻装上阵、加速前行。

综上，产教融合的实施路径是一个系统工程，需要多方面的协同推进。通过优化这些实施路径，可以实现教育与产业的深度融合，提升人才培养的质量和效果，为产业升级和经济发展提供有力支撑。

第3章　现代产业学院人才培养高质量发展诉求与存在问题

3.1　人才培养高质量发展诉求

社会经济高质量发展带来人才培养高质量发展的诉求。在教育领域，需求对应理论（Demand Correspondence Theory）被用来解释教育如何满足个体在不同成长阶段的需求。高质量发展的核心词是发展，定语是高质量，原意指我国经济由高速增长转向高质量发展。人才培养高质量发展是“人才培养”和“高质量发展”两个概念的有机融合，是高质量发展在人才培养领域的诠释和实现，是指人才培养向优质变化演进，形成高质量变化的过程。这一过程不仅受到产业升级和技术创新的驱动，还受到职业院校自身发展需求和学习者个性化需求的影响[16]。一是中职生升高职、高职升本科日渐增长的背景下，生源和升学就业需求的差异性带来改革需求。二是新技术变化快、发展迅速，教学资源数量不足，所调研的73%的毕业生和在校生希望在校学习期间能加强实践教学，课程内容尽可能与实际应用接轨，提升个人独立解决问题的能力和创新思维。

3.1.1　技术创新是人才培养高质量发展的前提条件

科技创新是推动产业升级的核心动力，产业创新通常是基于某一项关键技术创新对产业进行的革命性变革或形成一个新的产业。

当前，新技术催生了数字化、智能化等新产业和新业态，进而对岗位能力提出了新的要求[35]。为此，实践教学必须紧跟技术发展趋势，及时更新教学内容和方法，确保学生掌握最新的技术技能。例如，在人工智能领域，随着深度学习算法的不断迭代，职业院校的相关实践教学需要及时引入最新算法案例和应用场景，让学生了解并掌握行业前沿技术。

当社会经济迈向高质量发展阶段，传统产业不断寻求革新，推动着产业间的跨界融合趋势加剧，行业边界逐渐模糊，导致复合型、创新型的高技能高素质人才急缺[16]。高质量发展也意味着经济与社会、环境、人才等要素的协调与可持续发展。高质量人才已然成为推动经济持续发展的关键要素。据调查数据可知，以制造业为例，从过去的粗放式生产转向智能化、精细化制造，使得企业急需掌握先进人工智能技术、智能制造系统运维等专业知识和数智素养，能解决复杂问题和具备创新能力的人才。为此，实践教学内容要多学科融合，注重培养学生解决跨领域问题的思维与技能，以及可持续学习和创新的能力，从而更好地适应未来职业发展的需求。

3.1.2　人才培养高质量发展需要实践教学高质量发展

1. 人才培养高质量发展的基础是实践教学高质量发展

实践教学高质量发展的本质是人才培养高质量发展。其核心目标是通过系统化的实践教学活动，培养适应产业升级和技术变革需求的高素质技术技能人才。具体表现为以下几个方面。

1）教学内容与产业需求紧密对接

实践教学高质量发展要求教学内容与产业需求保持高度一致。职业院校应深化校企合作，及时掌握行业最新动态，将新技术、新工艺融入课程体系，确保学生掌握前沿知识和技能。通过“岗课对接”模式，职业院校可以根据岗位需求动态调整课程内容，提升教学的实用性和前瞻性[38]。例如，在机械制造专业中，随着智能制造技术的广泛应用，课程内容应及时增加工业机器人编程、智能工厂运维等相关知识。

2)教学模式注重理实一体

理实一体教学模式是实践教学高质量发展的必由之路。通过将理论学习与实践操作相结合,学生能够在仿真或真实的工作环境中应用所学知识,提升其职业适应性和就业竞争力。项目式教学、情境教学和混合式教学等创新模式,能够有效激发学生的学习兴趣和创造力[34][37]。例如,在电子商务专业的实践教学中,采用项目式教学法,让学生分组完成电商平台的搭建、运营和推广项目,在实践过程中加深对专业知识的理解和应用。

3)教学评价多元化与数字化

实践教学高质量发展要求教学评价从单一的结果导向转向多元化的过程性评价。通过引入职业技能竞赛、1+X证书、岗位评价等多种评价方式,职业院校可以全面评估学生的综合能力。同时,利用大数据和人工智能技术,构建数字化的学习档案和成长性评价体系,能够更精准地反映学生的学习状态。例如,通过分析学生在虚拟仿真实验中的操作数据、在线课程的学习时长和参与度等信息,对学生的学习过程进行全面评价,为教学改进提供依据。

3.3.2 实践教学高质量发展的驱动因素

实践教学高质量发展受到多重因素的驱动。

1. 产业升级与技术变革

产业升级和技术变革对岗位能力提出了新的要求,推动职业院校不断更新实践教学内容和方法,以适应产业发展需求。技术变革是产业升级迭代更新的首要前提,促进了新质生产力的涌现[35]。而新质生产力以创新、技术变革、数字化转型为核心,推动区域产业持续创新和经济增长,导致产业升级和转型呈现出前所未有的速度,对应的岗位能力也随之变化,从而对实践教学质量与产业发展契合度和灵活度的要求不断提升[39]。

2. 政策支持与教育改革

国家政策的支持为实践教学高质量发展提供了强有力的保障。2021 年，中共中央办公厅、国务院办公厅印发的《关于推动现代职业教育高质量发展的意见》明确提出要完善“岗课赛证”融通综合育人机制[40]。随后，教育部等九部门发布的《职业教育提质培优行动计划(2020—2023 年)》进一步强调深化产教融合、优化课程结构、加强实践教学体系建设的重要性[40][20]。2023 年，教育部副部长吴岩提出“五金”建设目标，旨在通过提升实践教学质量，推动职业教育高质量发展。这些政策文件的出台，为职业院校实践教学改革提供了明确的方向和强有力的支持[38]。

3. 学习者个性化需求

随着教育理念的转变，学习者对个性化、多样化的学习需求日益增加。实践教学高质量发展需要通过数字化技术和创新教学模式，满足学生的个性化学习需求，促进其全面发展[41]。例如，利用在线学习平台的智能推荐功能，根据学生的学习进度和兴趣偏好，为学生推送个性化的学习资源和学习路径。

4. 教育数字化推动实践教学模式创新

技术创新带来教育数字化发展，主要体现在教育理念变革和教育技术的创新。教育数字化的实践已经在全球范围内展开，其是实现教学高质量发展的重要支撑。通过数字化技术，职业院校可以构建丰富的教学资源库，如虚拟仿真平台、在线课程和 AI 助教等，为学生提供灵活的学习方式。据教育部官网数据统计，截至 2023 年底，中国的国家智慧教育平台累计注册用户突破 1 亿，中国慕课已上线超过 7.68 万门，成为全球最大的教育教学资源库之一[36]，为学生提供了海量且多样化、个性化的学习资源。教育数字化还推动了实践教学模式的创新。如通过虚拟仿真技术，解决教学中设备不足或实践耗材成本过高的问题；利用人工智能、大数据、知识图谱等技术，教育者能够更准确地评价学生的学习状态和需求，实现教学内容和方法的个性化定制，满足不同学生的学习需求[37]。为此,技术创新通过提供丰富的教学资源、推动教学模式创新,为人才培养高质量发展提供良好基础。

实践教学高质量发展对社会经济的可持续发展具有重要意义,是职业院校高质量发展的必由之路,是职业教育人才培养类型特色的过程,是实现人才个体职业能力与产业发展相匹配的关键路径。因此,实践教学高质量发展的本质是人才培养的高质量发展。

3.2 课程内容与产业需求脱节

3.2.1 产教脱节问题现状

当前,部分现代产业学院存在课程体系滞后于产业发展的结构性矛盾,具体表现为人才培养的针对性与实用性不足。课程体系与产业需求脱节问题不仅影响了人才培养质量,也制约了现代产业学院的可持续发展[42]。以智能制造专业为例,某高校 2023 年课程设置仍以传统机械制造技术为主体,工业互联网、人工智能等新兴领域的课程占比不足 15%。根据对 40 家职业院校的追踪调研(2023 年 12 月数据),52%的毕业生反馈在校所学内容与实际工作存在显著差距,70%的企业管理者建议强化实践教学体系改革。这种脱节现象不仅影响学生就业竞争力(毕业生首份工作专业对口率下降),更导致企业对产业学院的信任度指数下滑。

3.2.2 深层矛盾解析

1. 课程迭代机制僵化

高校课程更新普遍存在“审批周期长一市场响应慢”的双重困境。这是因为许多高校的课程设置需要经过烦琐的审批流程,这易导致新技术的引入滞后于产业发展。以某高校数据科学专业为例,2018—2022 年间课程体系仅修订 1 次,而同期大数据技术领域产生

13项关键技术突破。不少高校的课程委员会企业代表占比不足30%,行业标准转化为教学内容的平均周期超过18个月。为解决这一问题,需要加强课程体系的动态调整和优化。

2. 校企协同浮于表面

校企合作深度不足也是导致课程脱节的重要原因。尽管许多现代产业学院与企业建立了合作关系,但合作多停留在表面层次,企业未能深度参与课程设计和教学实施[43]。某高校与一家知名互联网企业合作开设的人工智能课程,企业仅提供了部分案例资料,而未能参与课程内容的更新和优化。调研显示,68%的校企合作停留在"挂牌一参观"层面,企业深度参与课程设计的比例较低。在某人工智能课程合作案例中,企业仅提供12%的教学资源,课程更新频率滞后产业发展超过1年。

3.2.3　系统性解决方案

1. 构建动态课程生态

借鉴德国双元制经验,建立"三方联动"课程治理机制(高校40%+企业40%+行业20%),实施课程内容季度评估制度。以广西机电职业技术学院与新能源车企共建课程的实践为例,企业不仅提供了最新的技术资料,还派遣工程师参与教学,确保课程内容与产业前沿技术同步。还应加强实践教学环节,依托现代产业学院开展真实的工作项目、企业实习等方式,显著提升了学生的实践能力,毕业生岗位适应期缩短40%。其次,通过建立灵活的课程更新机制、深化校企合作、加强实践教学环节以及利用政策支持和技术保障,可以有效解决这一问题,提升人才培养的针对性和实用性。某高校的实践表明,通过上述措施,课程体系与产业需求的匹配度显著提升,学生的就业竞争力和企业的满意度均得到了明显增强。未来,现代产业学院应继续探索课程体系优化的新路径,为产业发展提供高质量的人才支持。

2. 深化产教融合模式

创新“项目嵌入”教学法,将企业真实项目转化为教学案例。某高职院校通过建立“智能制造实训工厂”,使学生在校期间完成12个企业级项目,毕业生就业竞争力指数提升27%。同时构建“产业学院云平台”,实时对接企业技术需求,形成教学内容动态更新机制。

3. 强化政策和数字化保障体系

政府应出台相关政策,鼓励高校与企业深度合作,推动课程内容的更新和优化。某地方政府通过设立专项资金,支持高校与企业合作开发新课程,取得了显著成效。建议设立产教融合专项基金,对校企共建课程给予合理的补贴。建立课程质量监测大数据平台[44],通过NLP技术分析企业招聘要求与课程内容的匹配度。某试点院校应用该系统后,课程调整效率提升60%,企业满意度达91.5%。

3.3.4 实施成效与展望

某示范产业学院通过三年改革实践,课程体系与产业需求匹配度从63%提升至89%,毕业生平均起薪增长35%,企业持续合作意愿达96%。未来需进一步探索“岗课赛证”深度融合模式,构建产业技术迭代预警机制,打造具有自我进化能力的课程生态系统,为战略性新兴产业发展提供人才支撑。

总之,现代产业学院课程体系改革是一项系统性工程,其核心在于构建动态适应产业变革的课程生态系统。当前存在的产教脱节问题,本质上是教育供给侧与产业需求侧在技术迭代周期上的错配。通过建立三方协同治理机制、深化产教融合模式、强化数字技术赋能,可有效缩短课程更新周期,提升人才培养的精准度。典型案例,实施系统性改革后,课程与产业需求匹配度可提升26个百分点,毕业生就业竞争力显著增强。未来需进一步完善政策保障体系,推动形成“产业需求驱动—课程体系响应—人才反哺产业”的良性循环。

3.3　师资队伍与建设需求滞后

3.3.1　师资队伍结构性矛盾现状

现代产业学院的师资队伍建设滞后问题已成为制约其发展的关键瓶颈之一。根据2022年教育部对全国50所现代产业学院的调研数据显示，仅有35%的教师具备企业实践经验，而能够同时胜任理论教学和实践指导的“双师型”教师比例更低至18%。这种结构性失衡直接影响了实践教学的质量和效果。以某高校现代产业学院为例，其机械工程专业80%的课程由纯理论型教师授课，导致学生在企业实习期间普遍表现出实践能力不足，企业满意度仅为62%。这种结构性失衡直接影响人才培养质量，造成教育供给与产业需求的“能力断层”。分析这个现象，主要原因如下。

3.3.2　多维矛盾解构

1. 能力结构失衡

一是知识结构滞后。教师每年都接受继续教育培训，但技术相关的知识更新周期参差不齐，滞后于产业技术迭代。

二是实践能力薄弱。师资队伍实践经验不足直接影响了人才培养的针对性。部分产业学院教师的双师认证率仍不足70%。某智能制造企业人力资源总监指出，部分现代产业学院培养的学生往往需要3～6个月的适应期才能胜任岗位工作，这与企业期望的人才存在明显差距。这种差距的根源在于教师队伍缺乏对产业前沿技术的深入理解和实践经验，难以将真实的企业案例项目融入教学过程。

2. 校企协同困境

校企协同师资队伍建设的困难点主要表现为：一是校企合作深

度不足，不少企业仅提供基础培训，根据所调研的数据，得出68%企业拒绝教师参与核心技术研发项目的绪论，限制了教师实践能力的提升；二是教师培训体系不健全，现有的培训项目往往流于形式，难以满足教师实践能力提升的需求；三是激励机制不完善，许多高校在职称评定、绩效考核等方面仍以科研为导向，导致教师参与实践教学的积极性不高[45][46]。师资队伍建设的滞后不仅影响人才培养质量，也制约了现代产业学院的可持续发展。以某地方本科高校为例，由于缺乏具有实践经验的教师，其现代产业学院连续两年招生计划完成率不足80%，毕业生就业质量也低于同类院校[30]。这一现象警示我们，必须将师资队伍建设作为现代产业学院发展的重中之重。

解决以上问题的主要策略有：

第一，从制度层面进行系统性改革。一是应建立科学的"双师型"教师认定标准，将企业实践经历、技术研发成果等纳入评价体系。二是完善校企协同育人机制，通过共建实验室、联合研发项目等方式，为教师提供更多实践机会[27]。三是构建长效的教师培训体系，定期组织教师参加企业实践和技术培训，确保其知识结构能够跟上产业发展的步伐。四是师资队伍建设是一个系统工程，需要政府、高校、企业多方协同推进[33]。政府应出台相关政策，为"双师型"教师培养提供制度保障和资金支持；高校应创新人事管理制度，建立有利于教师实践能力提升的激励机制；企业则应积极参与教师培养过程，为教师实践提供真实场景和项目支持[34]。

第二，创新"双师型"教师培养路径。例如湖南中医药大学通过"校企双聘"机制，将企业技术骨干引入教学团队，同时选派青年教师到企业挂职锻炼，使"双师型"教师比例在两年内从15%提升至40%。重庆城市管理职业学院则建立了"企业导师＋校内教师"的双导师制，通过联合开发课程、共同指导学生实践等方式，有效提升了教师的实践教学能力。从国际经验来看，德国的"双元制"教育模式为我们提供了有益借鉴。在德国，职业院校教师必须具有5年以上的企业工作经验，并定期回到企业进行实践更新。这种制度设计确保教师始终掌握最新的产业技术并了解发展动态，值得我们深入研究和借鉴。

第三，灵活的用人机制，打破传统的人事管理制度束缚。可以通过设立产业教授岗位、实施弹性工作制等方式，吸引更多具有丰富实践经验的企业专家加入教学团队[31]。同时，应加强教师发展中心建设，为教师提供个性化的职业发展规划和持续的专业发展支持[32]。

第四，在数字化转型背景下，现代产业学院还应积极探索具备数智素养的师资队伍建设新模式。通过建立教师能力数字画像，精准识别教师的实践能力短板，提供个性化的培训方案[31]。同时，利用虚拟现实、增强现实等技术，开发沉浸式实践教学培训平台，帮助教师在虚拟环境中提升实践教学能力。

只有通过多方协同、多维度推进，才能打造一支高素质的"双师型"教师队伍，为现代产业学院的高质量发展提供坚实的人才支撑。

3.4　现代产业学院治理效能不足

校企协同育人与治理的质量影响着校企的产教融合深度、人才培养与社会需求的契合度，这是提升人才培养质量的重要措施[34]。其主要体现在现代产业学院的治理结构松散化、治理过程偏差化和治理功能粗放化三个方面。这些困境不仅制约了产业学院的治理效能，也影响了其人才培养与产业需求的契合度。

3.4.1　治理结构松散化

产业学院的治理结构涉及多元主体（如政府、学校、企业、行业等）的权利配置与协同机制[46]。然而，当前产业学院治理结构松散化问题突出，主要表现在以下三个方面。

1. *多元主体利益分歧*

产业学院的多元主体在目标诉求上存在显著差异。学校以育人为核心，注重学生全面发展；企业则以盈利为导向，追求经济效益最大化。这种目标不一致导致治理目标多元化，难以形成统一的治理共识。例如，在校企合作中，学校希望企业深度参与课程设计和实践教学，而企业则更关注短期回报，导致合作流于形式，难以实现深度融合[42]。此外，政府、行业等其他主体的参与度不足，进一步加剧了治理结构的松散化[47]。最后，从企业角度分析，有的现代产业学院存在权责划分不清晰和利益分配不均衡的现象。根据一项针对全国100家参与现代产业学院建设的企业调查显示，超过70%的企业认为当前的合作模式缺乏明确的利益保障机制，导致企业投入资源后难以获得相应的回报。某汽车制造企业与某高校现代产业学院合作共建实验室，但由于缺乏明确的成果共享机制，企业在技术研发中的投入未能转化为实际的经济效益，最终导致合作项目难以为继。

2. 资源配置低效

现代产业学院的可持续发展依赖于资源的有效配置，但部分产业学院的资源配置效率低下，尤其是企业的参与意愿不足。这种资源配置的低效性不仅影响了产业学院的运行效率，也制约了其人才培养质量的提升。主要表现为：一是校企双方在实践教学资源配置与应用方面不合理，甚至出现专业课程实践教学组织和管理不当，导致教学质量不高；二是企业在投入资金、技术等资源后，若未能获得预期的经济效益，往往会降低参与积极性，甚至退出合作[43]；三是从高校角度分析，现代产业学院的校企沟通不畅和资源整合不足是常见问题[48]。以某中部地区现代产业学院为例，尽管学院与多家企业签订了合作协议，但由于缺乏常态化的沟通机制，企业在人才培养中的参与度较低，课程设置与产业需求脱节的问题长期未能解决。校企双方在资源整合方面也存在明显短板。《现代产业学院校企合作现状调查报告》显示，仅有不到40%的现代产业学院能够实现校企资源的深度整合，而超过50%的学院仍停留在简单的资源共享层面。

3. 运行机制不完善

一是有的产业学院校企合作形式缺乏多样性，多为传统的实习、实训模式，缺乏创新。甚至部分产业学院与传统的实践教学基地尚缺乏足够的区分度[44]。根据 2022 年教育部发布的《现代产业学院建设与发展报告》，全国范围内仅有约 35％的现代产业学院建立了长期稳定的运行机制，而超过 60％的校企合作仍停留在表面化的实习安排或短期项目合作层面。这种合作深度的不足直接导致了企业参与人才培养的积极性不高。以某东部沿海省份的现代产业学院为例，尽管该学院与当地 20 余家企业签订了合作协议，但实际参与课程设计、实践教学和评价反馈的企业不足 30％，且合作内容多局限于提供实习岗位或举办讲座。

二是部分产业学院管理体系科学性和系统性不足，缺乏对校企合作成效的定期评估和反馈机制，导致问题难以及时被发现和解决。尽管大部分产业学院设置了由企业人员参与的理事会、专业建设委员会等机构，但较多产业学院在管理层级上挂靠相应的二级学院，缺乏科学体系化的运行机制，制约了产业学院治理能力和效能的提升[44]。

三是产业学院的运行机制涉及多方协同，但在实际操作中，跨地域、跨部门的合作往往面临信息碎片化、组织结构变动频繁等问题[48]。例如，部分产业学院在跨区域合作中，由于信息沟通不畅，导致资源调配不及时，影响了教学和科研的顺利开展[45]。此外，治理主体的权责界定不清，进一步加剧了运行机制的混乱，导致协同治理效率低下。

3.4.2　治理过程偏差化

产业学院治理过程偏差化主要体现在目标偏差、执行不力、监督不足、参与度不高、技术依赖等问题，具体表现为：

1. 人才培养与产业需求脱节

第一，产业学院的核心职能是协同育人，提升人才培养与产业发展的契合度。然而，由于企业参与度不足，人才培养方案的制定与实施往往缺乏产业界的深度参与。例如，部分产业学院在课程设置上未能及时反映行业最新技术和发展趋势，导致毕业生技能与市场需求脱节[46]。这种脱节不仅影响了学生的就业竞争力，也削弱了产业学院的社会认可度。此外，如果过度追求智能技术而忽视教育本质，可能导致利益驱动的异化，易导致学生价值观和能力素养缺失，造成难以挽回的损失。为此，我们必须坚持育人为本的原则，确保治理有利于学生的全面发展，培养符合党和国家需要、适应产业发展的人才。

2. 执行与监督机制不健全

治理执行主体对治理体系的认知不足，监督反馈机制缺失，导致治理目标与执行结果不一致。例如，部分产业学院在治理过程中，由于缺乏有效的监督机制，导致资源配置不合理，影响了治理成效[46]。此外，执行主体的参与度和责任感不足，进一步加剧了治理过程的偏差，导致治理目标难以实现。

3. 技术的过度依赖

对技术依赖主要表现有：第一，数字治理通过构建的数据平台和系统，将数据以可视化和具象化的形式呈现，增强了信息的易读性，使得人们更习惯于图形化的数据展示，而可能忽视了对信息逻辑关系和真实性的独立分析和判断。第二，治理工作往往需要处理大量信息，数字治理在这方面展现出其在数据挖掘和分析方面的优势。这种优势可能导致人们过度依赖技术，从而减少了对数据的深入理解和批判性思考。第三，智能决策系统能够自主学习并处理大量数据信息，根据预设的治理目标自动生成决策方案。然而，数据的全面性、数量、真实性以及算法的准确性对决策方案的质量有着直接影响，可能会误导治理决策者。过度依赖计算机生成的决策方案，可能会使治理决策过程从传统的“人本主导”转变为“技术主导”。

3.4.3 治理功能粗放化

随着数字技术的发展，产业学院治理场景日益复杂，但治理功能仍显粗放，具体表现为：

1. 精准化治理不足

松散的组织结构和资源分配不均导致治理精准化难以实现，尤其在实践性教学中，缺乏个性化、针对性的治理措施。例如，部分产业学院在实践教学中，由于资源调配不当，导致学生无法获得充分的实践机会，影响了教学效果[47]。此外，治理功能的粗放化还体现在对数据的利用不足，未能充分发挥数据在决策支持中的作用。

2. 数据利用效率低

日常管理数据琐碎繁杂，未能有效整合和分析，导致数据价值未被充分挖掘，难以支撑精准决策。例如，部分产业学院在数据采集和分析方面存在技术短板，导致数据利用率低下，影响了治理决策的科学性和有效性[48]。这种数据利用的低效性不仅制约了治理效能的提升，也影响了产业学院的数字化转型进程。

3. 自主权受限

部分产业学院仍依附于高校的科层管理体制，缺乏独立性和灵活性，难以适应数字化转型的需求。例如，部分产业学院在资源配置和决策制定上过度依赖高校的行政指令，导致治理效率低下，难以应对快速变化的市场需求[49]。这种自主权的受限不仅影响了产业学院的治理效能，也制约了其创新能力的提升。

3.5.4　解决思路

要解决这些问题，需要从制度设计、实践操作、政策支持、数字化转型等层面提升现代产业学院的治理成效。

在制度设计层面，应建立明确的权责划分机制和利益分配机制。某西部地区的现代产业学院通过引入第三方评估机构，建立了校企合作绩效评估体系，将企业参与度、资源投入和人才培养效果纳入评估指标，并根据评估结果进行利益分配，有效提升了企业的参与积极性。

在实践操作层面，应建立常态化的校企沟通机制和资源整合平台。以某南方高校的现代产业学院为例，该学院通过建立校企联合管理委员会，定期召开联席会议，及时解决合作过程中出现的问题，并通过共建实验室、联合研发项目等方式实现资源的深度整合。

从政策支持方面，政策支持是完善校企合作机制的重要保障。缺乏明确的政策指导、法规支持，可能会导致校企合作难以达成共识或难以可持续发展，即使签订了合作协议，实际执行过程中也可能因为种种原因导致合作项目无法顺利进行。根据《现代产业学院建设指导意见》，地方政府应出台相应的激励政策，如税收优惠、资金补贴等，鼓励企业深度参与现代产业学院建设[50]。以某沿海城市为例，当地政府通过设立专项基金，对参与现代产业学院建设的企业给予最高 50 万元的资金补贴，有效提升了企业的参与积极性。同时，高校也应主动调整合作策略，建立灵活的合作模式。广西机电职业技术学院根据企业需求定制人才培养方案，实施了“订单式培养”模式，实现了校企供需无缝对接。

最后，产业学院需要建立和完善多元化的评价体系。根据《现代产业学院评价指标体系研究》，应将企业满意度、学生就业质量和社会效益纳入评价指标，形成多方参与的评价机制[51]。以某北方高校现代产业学院为例，该学院通过引入企业评价、学生评价和社会评价相结合的多元评价体系，有效提升了人才培养质量，毕业生就业率连续三年保持在 95%以上。

第 4 章　现代产业学院人才培养模式的构建路径

4.1　分析现代产业学院人才培养模式创新构建的制约因素

1. 教育理念

人才培养模式是教育思想的具体化。现代产业学院人才培养模式的构建要适应当前经济社会高质量发展的要求。面对产业发展，高校需要调整人才培养模式，以突出产教融合，提升人才的实践能力、国际视野、信息素养、学习能力、创新能力及全面素质。

2. 人才培养的顶层设计

在教育理论指导下，应用系统观思维，系统地设计人才培养的职业面向、目标定位、课程体系构建、课程开发与设置、办学条件、资源共建共享、实践教学体系建设与评估、校企育人机制建设、数字化转型的现代产业学院治理等。

3. 管理与激励制度

创新与实施现代产业学院人才培养模式，需要制定、评估、调整相关管理与激励制度，以保障人才培养模式创新与实施的可行性与有效性。

4. 教学评价机制

教学评价还存在单一化、数量化的倾向，忽视了对教学特色、个性化教育教学模式的评估。

5. 办学条件和资源

其表现为教育经费不足、师资力量薄弱、课程资源不足、实训与实习基地资源不足，数字化资源与平台建设和产业发展适配度低等。

综上，现代产业学院人才培养模式创新构建要综合考虑以上几个关键要素。本书提出并实践了现代产业学院的“岗课赛证训创”六位一体人才培养模式。

4.2 剖析“岗课赛证训创”六要素的逻辑关系

4.2.1 “岗课赛证训创”的内涵

2021年，中共中央办公厅、国务院办公厅印发的《关于推动现代职业教育高质量发展的意见》提出要完善“岗课赛证”融通综合育人机制[40]。而依据职业教育规律和系统观理论，人才培养质量的提升需要将核心要素提炼出来，再通过开展各类富有显性和隐性教育价值的实践活动来实现。

“岗”即岗位能力和素质，是人才培养职业面向的定位，是开展教学的目标指向。“课”即课程。“赛”指学生参加的专业技能比赛的内容及活动。“证”指学生通过职业技能资格鉴定和技能认证相关学习内容及获取考证的相关活动。“训”是实训与实践训练，强调育训结合，旨在培养学生的实际操作能力和问题解决能力，实现技能与素养同修。“创”是学生的创新意识与能力。为此，将“岗、课、赛、证、训、创”这六要素提炼出来，融入人才培养中，使人才培养具有多元素交叉融合相互作用的特征，并促进学生在学习中理解多领域的理论知识，形成解决复杂问题的高阶能力，从而能有效提高学生形成解决新生产业发展带来产业间跨界融合所需的综合能力和素质[34]。

4.2.2 "岗课赛证训创"的内在逻辑关系

1. 岗课对接：教学内容与岗位需求紧密结合

"岗课对接"是实现校企合作、普职融通、产教融合的职业教育人才培养模式的基础，强化了教学内容的实用性和前瞻性[52]。校企双方应紧密互动，共同开展专业建设，打造特色"金专业"，并在追求教学高质量发展的进程中，共同致力于培养契合行业（企业）需求的专业人才。首先，校企联合开发人才培养方案及课程标准，进一步深化"岗课对接"，提高人才培养对工作岗位需求变化的适应性和契合度，彰显职业教育的职业性[53]。其次，职业院校的课程建设以岗位需求为根本出发点和最终落脚点，要对岗位需求进行调研、分析、整合，形成能力清单，将知识和技能模块化处理，构建具有动态性、精准性、创新性的课程体系。动态性指课程建设内容要对接新技术、新业态、新工艺的动态更新；精准性强调学情及岗位具体需求，做到因材施教；创新性即应用数智时代的教育技术和人工智能技术，对课程教学进行开发、组织与实施。

2. 课赛融合：以赛促学，提升学生专业技能

职业技能竞赛是选拔、检验人才掌握知识与技能应用能力的有效方式。通过将职业技能竞赛的比赛规则、内容、评价等碎片化处理，再与课程内容或教学活动进行有机重构，实现"课赛融合"[50]，这不仅为学生提供了展示专业技能的平台，有助于检验和提升学生的专业技能，还能激发学生的学习兴趣和动力，培养团队协作与竞赛意识、创新能力。例如，在计算机编程课程中，将编程竞赛的题目和要求融入日常教学，组织学生分组完成竞赛项目，让学生在竞赛氛围中提高编程技能和解决实际问题的能力。

3. 课证融通:课程与职业证书相结合

"课证融通"强调课程设置与职业证书考试的紧密结合。通过将职业证书的考核标准融入课程内容,学生能够在学习过程中同步准备职业资格考试,激发学生掌握理论知识和实践性技能的内驱动力,提升其就业竞争力。为此,要融入职业证书的考证标准、内容制定课程标准,做到课程设置与职业考证科目相对接。开发和实施课程时,可以将考证标准与内容碎片化后,系统地融入教学内容和课堂教学实施、评价中,形成"课证融通"[34][50][53],促进教学质量评价改革。例如,将1+X证书的考核要求分解到各课程模块,能够有效促进教学质量评价改革,增强学生的职业适应能力。

4. 训创融汇:实训与创新创业结合

"训创融汇"通过将实训教学与创新创业活动相结合,培养学生的实践能力和创新精神。职业院校可以通过校企合作,将企业真实项目引入实训教学,使学生在真实的工作环境中提升职业技能,在"做"中培养创新创业意识。同时,通过创新创业项目的实施,学生能够将理论知识应用于实践,培养创新和创业能力[50][53]。例如,在电子信息专业的实训教学中,引入企业的电子产品研发项目,学生在完成项目的过程中,不仅提高了专业技能,还能结合市场需求提出创新性的设计方案,为未来的创新创业奠定基础[54]。

4.3 确定校企协同的人才培养目标

人才培养目标要基于人才需求调研。调研重点针对:行业、企业现状与发展趋势、职业岗位设置、人才供求状态、职业岗位典型工作任务,对毕业生知识、能力、素质等评价及人才培养的建议;同类院校相关专业设置与生源情况、毕业生就业状况、课程体系、师资配置、实训建设及开展、教学管理与质量保障等情况;以及毕业生就业及收入情况，发达国家相关专业建设和专业教学设计情况、典型案例等内容进行了调研。形成调研结论及建议应该包含：专业培养目标定位、专业面向的岗位、课程体系、师资队伍、教学条件要求、校企合作等方面内容，形成人才培养调研报告。

其中，职业岗位典型工作任务指在专业面向岗位（群）或技术领域中，选择具有典型性和教育价值的，对于完成产品或服务项目起重要作用，具有代表性的工作。

人才培养方案开发团队，接着要对接国家教学标准，以产业岗位需求为原点，由现代产业学院（专业负责人）＋企业（HR 总监＋技术骨干）＋行业协会组建 10 人及以上人才培养模式开发团队，通过文献和问卷调研，如使用《职业分类大典》和基于 200 份毕业生及企业问卷，解构目标岗位并形成典型工作任务的能力模型。接着解构认证需求、竞赛需求、创新发展等需求，构建"职业素养＋知识目标＋能力目标"三维能力体系，培养适应产业数字化、智能化转型的"新质技术技能人才"。最后，实现一年一调研，一届一方案，紧急动态优化的开发机制，如接入地方产业大数据，实时监测岗位需求变化（2024 年某省新能源岗位需求激增 230％，触发方案紧急修订）。案例分析如下：

1. 基于关键能力的目标锚定策略

（1）职业适配度：毕业生 1 个月内胜任目标岗位（传统培养周期 3～6 个月）

（2）技术创新力：参与企业技术改进项目占比≥30％（2023 年全国均值 28％）

（3）发展潜力值：毕业 3 年晋升技术骨干比例≥35％（对标德国双元制 38％）

2. 三维目标分解策略

将"岗课证赛训创"六要素颗粒化解构后，重组融合，再逐层分解，形成人才培养目标、课程体系目标、课程目标、教学实施目标等各环节的三维目标。目标制定要具体，要能可评可测。

(1)职业素养:专业素养、工匠精神、数智素养、安全生产规范、法律意识、校园文化、环保意识、可持续发展等素养。

(2)技术技能:岗位能力和可持续学习能力。技术技能可具体对接人才培养质量的核心评估指标,如学业考核通过率、认证通过率、竞赛获奖率、升学率等。

(3)创新发展:创新创业课程一创新创业活动一校企研发项目(如企业技术改进≥1 项,获专利、计算机软件著作权的毕业生率等)等。

4.4 构建校企协同的"岗课证赛训创"实践教学体系

4.4.1 构建实践教学与理论教学深度融合策略

实践与理论的深度耦合是现代产业学院育人体系的核心特征[55],本书从教学范式、资源生态、评价机制三个维度构建协同育人的实践教学与理论教学深度融合模型。

1. 教学范式的项目化重构

通过真题真做的项目制教学,实现以真实项目驱动知识转化[56]。以宿迁学院园林专业典型实践通过项目共同体建设,将真实工作项目嵌入"园林规划设计"课程。学生在企业导师带领下完成"现场踏勘一方案设计一施工监理"的全流程。学生在学习园林设计理论的同时,直接参与企业委托的实际项目,从方案设计到施工管理全程跟进。这种教学模式不仅提高了学生的实践能力,还为企业提供了高质量的设计方案。数据显示,项目班学生创新能力评分较传统班高出 20%[11]。这种"教学项目企业化"模式,使理论知识转化为具象的项目成果。

2. 虚实融合的场景化教学

通过引入虚拟仿真技术,将理论教学与实践操作紧密结合。以保定学院 AI 产业学院创新实践为例，构建“智能算法—虚拟仿真—实体验证”三级实验体系，开发智慧农业病虫害识别等 5 个虚拟仿真实训模块。学生通过数字孪生系统完成从模型训练到边缘计算部署的全流程，企业反馈系统部署周期缩短 35%。这种“理论学习场景化”设计，突破了传统实验室的时空限制。通过这种方式，学生不仅掌握了人工智能技术，还培养了解决实际问题的能力，提升了学生的就业竞争力，还为企业提供了高质量的技术支持[8]。

3. 数智赋能的教学组织

数智赋能的教学组织，是基于虚实结合、线上线下结合的教学场景智能重构，应用数据驱动的教学决策，如学习行为画像系统，如某情感计算模块捕捉实训中的焦虑、专注等 7 种情绪状态，生成包含 158 个维度的能力雷达图，有利于师生分析与调整学习行为。再如，以广西警察学院公安大数据现代产业学院为例，该学院通过引入真实的公安数据分析案例，将理论教学与实际应用紧密结合。学生在学习大数据分析理论的同时，直接参与公安机关委托的数据挖掘项目。通过这种方式，学生不仅掌握了数据分析的技术，还培养了解决实际问题的能力。数据显示，参与该项目的学生在毕业后进入公安系统的比例高达 90%，其中 70% 的学生在数据分析岗位上表现出色[57]。

4. 基于专业群的资源生态建设

教学资源的优化配置与建设方面。以重庆城市管理职业学院现代物流管理专业群为例，该专业群通过与物流企业合作，共建了多个实践教学基地。学生在学习物流管理理论的同时，直接参与企业的仓储管理、运输调度等实际工作。实践教学基地的建设还促进了校企合作的深化，为学院的教学改革提供了有力支持[25]。这种教学模式不仅提升了学生的实践能力，还为企业提供了高质量的人才储备。

5. 评价体系的动态化革新

以产业标准重构质量维度[58]。滁州学院智能建造学院的“三维评价”机制值得借鉴:构建“校内导师(40%)+企业工程师(50%)+第三方机构(10%)”的多元评价主体,将 BIM 建模精度、施工方案可行性等 6 项产业标准纳入考核。这种“评价标准职业化”改革,实现了教学过程与产业需求的精准对接,不仅提升了学生的就业竞争力,还为企业提供了高质量的技术支持[7]。

本书所引用的 2024 年最新数据均来自各校质量年报及校企联合培养白皮书、文献调研,案例覆盖江苏、广西、河北、重庆、安徽五省市,涉及农林、公安、人工智能、物流、建造五大产业领域,体现了模式的普适性和行业代表性。

4.4.2 构建“岗课证赛训创”融合的实践教学体系

实践教学体系按系统观的理念,分为实施层、支持层、管理层,由“岗、课、证、赛、训、创”六个要素全方位融合,形成实践教学体系,如图 4-1 所示。

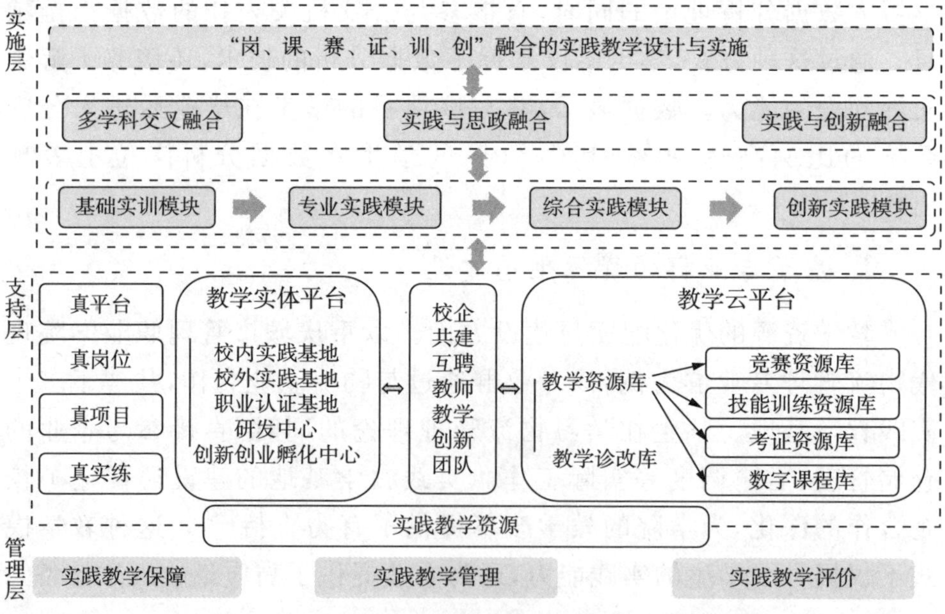

图 4-1 实践教学体系

管理层由实践教学保障子系统、实践教学管理子系统以及实践教学评价子系统构成。这一结构设计旨在建立一个灵活且高效的动态调整机制,确保实践教学内容能够紧跟并适应产业发展的最新趋势。实践教学保障子系统负责实践教学资源配置,包括设施设备、师资培训、教学材料等管理,以支持实践教学的顺利进行。实践教学管理子系统则侧重于教学活动的组织和执行管理,包括课程安排、学生分组、进度跟踪等,确保教学活动有序开展。实践教学评价子系统则通过定期的教学评估和反馈,对教学效果进行监控和分析,为持续改进提供依据。

支持层包含实体平台(如校内外实训基地、研发中心、创新创业孵化中心)、数字平台(如竞赛资源库、技能训练库、考证资源库、数字课程库、在线数字课程、虚拟仿真软件、教学诊改库)、教师创新团队和工作项目等。这些元素相互协作,为学生提供良好的学习环境。这是实践教学的基础,它为实施“真平台、真岗位、真项目、真实练”的四真实践教学提供了坚实的教学支持。例如,数字平台利用数字技术,为学生提供了虚拟的学习和练习环境,包含竞赛资源库、技能训练资源库、考证资源库、数字课程等,使得学习不受时间和空间的限制。教师创新团队由具有丰富教学和企业经验的教师组成,他们通过创新教学方法和内容,引导学生在工作项目中完成学习。这些组成部分相互作用,为学生提供了一个全面、立体的学习体验,有助于提升学生的实践能力,培养学生的创新思维,从而更好地适应未来的职业需求。通过这样的支持层构建,职业院校能够更有效地培养出符合产业发展需求的高素质技术技能人才。

实施层通过分阶段、分场域实施模块化教学,恰当地应用数字化技术,驱动课程内容改革,基于产业发展需求和学生学情分析,开展“三融合”课程内容改革,有机地将学科交叉融合、实践与思政融合、实践与创新融合[54],实施“岗、课、证、赛、训、创”融合的实践教学活动。通过分阶段、分场域的模块化教学,可以有效地实现教学内容与产业发展的紧密对接。例如以广西机电职业技术学院人工智能技术学院计算机应用技术专业为例。在基础实训阶段,学生在学校实训室进行基础技能训练;核心实践阶段,到合作企业参与实际生产项目;综合实践阶段,参与跨学科综合项目;创新实战阶段,参加创新创业竞赛或企业创新项目。通过这种方式,实现多学科交叉融合、实践与思政融合、实践与创新融合,达成教学目标。这种教学模式的实施,实现了"岗、课、证、赛、训、创"的融合,有助于提高实践教学质量和达成教学目标,促进职业院校培养具备实践能力和创新精神的高素质技术技能人才,满足产业发展的需求,为学生的职业生涯发展奠定坚实的基础[34]。

4.4.3 构建"三维一体"实践教学平台

以产业需求为导向,打造"教学—实践—创新"三维一体的虚实结合实践教学平台,如图 4-2 所示,实现校企资源双向流通。平台由校企双主体共建、双标准共融(教学标准+企业标准)、双导师共导(校内教师+企业导师)构成核心架构。

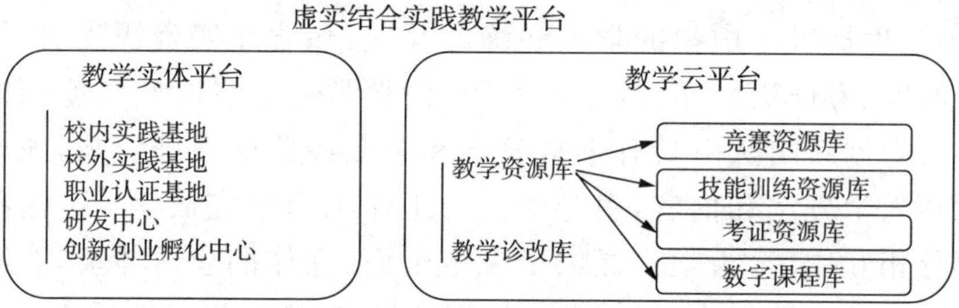

图 4-2 实践教学平台

1. 四大功能模块设计

1)产业学院沉浸式实践基地:校内外实训基地

按企业真实生产流程布局,学生入学即进入"工位—班组—车间"三级实训体系。项目制教学:将企业订单转化为教学任务,学生完成真实工作项目。以广西警察学院公安大数据现代产业学院为例,该学院与多家公安科技企业合作,建立了"公安信息技术应用"实践教学基地。学生在基地中不仅学习了大数据分析技术,还参与了多个公安实战项目。这种项目驱动的实践教学模式不仅提高了学生的专业技能，还增强了他们的团队协作能力和解决实际问题的能力[58]。校企共建实践教学平台通过整合高校与企业的资源，为学生提供了真实的实践环境，并通过动态调整机制和项目驱动的教学模式，确保了教学内容与产业发展的同步。这种模式不仅提升了学生的职业适应能力，还为高校和企业的深度合作提供了新的路径。

2）职业认证基地

引入企业在平台设立"认证考点"，将平台实训与职业技能等级认证、1+X证书认证融合对接，学生实训合格即获企业岗位资格。

3）研发中心

揭榜挂帅机制：现代产业学院提出工作或科研难题，师生团队揭榜攻关。

4）创新创业孵化中心

创客苗圃—校内孵化—现代产业园三级孵化。引入校友导师：邀请优秀毕业生反哺指导，形成"在校生—毕业生—企业导师"的人才循环以增强学生自信心。引入名匠导师：邀请优秀的企业名匠到现代产业学院的创新创业孵化中心进行指导，促进学生的创新意识增强，创业能力孵化[59]。

2. 系统化构建"平台共建—资源共享—人才共育—成果共评"的长效运行机制

校企共建实践教学平台是现代产业学院人才培养模式中的重要环节，通过与企业的深度合作，高校能够为学生提供更加贴近产业实际的实践环境。现代产业学院的实践教学平台正从传统的"实习基地"升级为产业技术革新的策源地、高技能人才成长的摇篮，真正实现"课堂连着车间、实训对接生产、毕业即能上岗"的产教深度融合。以湖南中医药大学创新中药现代产业学院为例，该学院与多家知名中药企业合作共建了多个实验室和实训基地，涵盖了从中药提取到制剂生产的全流程实践教学。这种合作模式不仅为学生提供了真实的产业环境，还通过校企联合开发实践课程，确保了教学内容与产业发展的高度同步[10]。

4.4.4 开发"岗课证赛训创"六个要素全方位融合的实践教学内容

第一，对接岗位技能标准、人才培养目标、课程标准、职业技能考证要求、技能比赛考核要求，基于学情分析，开发课程教学目标。

第二，引入新方法、新技术、新工艺、新标准，对教学知识和技能点进行解构和重构，"岗、课、证、赛、训、创"六个要素全方位融合，开发模块化课程体系。

第三，教学内容的重构。专业实践教学以真实的工作项目教学化为教学载体，这已成为教育工作者的共识，但不是所有的工作项目都适合选取为实践教学任务。选取合适的专业实践教学项目（任务）是开发课程的首要任务。要选择企业典型工作任务，融入"生产岗位素养、红色文化、校园文化、企业文化、数字素养、创新思维"等内容[34]，适度引入政、行、校企、校内等多种形式举办的专业技能竞赛项目和"1＋X"考证项目，融入创新创业项目，形成育训结合、创新实践的教学内容，形成"多学科交叉、实践与思政、实践与创新"三融合的实践教学内容[34]。

第四，课程结构由循序渐进、体现行动导向工作流程的模块化专业实践教学项目群组成。每个实践教学项目由若干系列子任务组成，任务序列顺序应综合考虑核心素养、教学内容与学业质量间的联系，循序渐进，能促进学生在实践能力提升过程中达成对知识的深层次、持久性理解，有效地培养学生的创新思维与知识迁移运用能力。

第五，实践教学课时量占总体教学课时量的50％以上。

第六，引入人工智能技术或元宇宙等新技术，开发虚实结合的教学资源，解决部分教学资源不足、设备更新快、投入成本高的问题。开发具有开放性的线上线下数字课程，应用数字资源管理平台，推进智适应学习的应用，支持移动学习和个性化学习。

第七，实践教学内容改革以"调研—分析—重构—反馈—改进"形成五个阶段的实施闭环，发挥"六要素"融合育人机制，促进学生个性化发展，提高实践教学质量。

4.4.5　实施基于工作过程导向的实践教学

实践教学实施是“岗、课、赛、证、训、创”赋能实践教学高质量发展的核心环节。实践教学以工学结合、双元培育为切入点，对教学组织与实施进行深层次的教学改革，具体如下：第一，创设真实的工作情境；第二，将生产过程、生产测试与验收等与教学实践相结合；第三，开展大数据分析下的教学资源应用与评价改革；第四，将竞赛和“1＋X”考证机制引入教学活动中，以比赛的活动形式促进学生形成竞争意识，提升学习兴趣；第四，开展形式多样的教学方法创新与应用，如 OBE 理论下的人工智能大模型在教学中的创新应用；第五，搭建高职生创新创业的平台，把实践教学与创新创业活动相结合[58]，培养学生创新创业意识和能力，实现专创融合。例如建设真实的快递分拣中心、仓储管理数字中心等。将真实的物流企业工作，如货物分拣、仓储管理、运输调度等工作任务，融入教学过程，使学生在真实场景中完成各项任务；利用大数据分析学生在操作过程中的数据，如分拣效率、错误率、解决突发问题的效率、报表制作情况等工作成果与成效，用于评估教学效果并改进教学；引入物流行业技能竞赛和“1＋X”物流职业证书考证机制，激发学生学习动力；采用项目式教学、小组合作学习等方法，提高学生的团队协作能力、解决问题的能力和创新意识[55]。

4.4.6　构建实践教学评价体系

实践教学评价体系是确保现代产业学院人才培养质量的关键环节。科学的评价体系不仅要涵盖过程性评价和结果性评价，还应通过多元化的评价主体和方式，全面考核学生的实践能力。以湖南中医药大学创新中药现代产业学院为例，其实践教学评价体系通过企业导师评价机制，将学生在企业实习期间的表现纳入考核范围，企业导师根据学生的项目参与度、问题解决能力和团队协作能力进行评分，占比达到总评分的 40％。这种评价方式不仅增强了评价的客观性,还使学生的实践能力得到了更全面地评估[10]。

在实践成果展示方面,重庆城市管理职业学院现代物流管理专业群通过举办年度实践成果展,邀请企业专家、行业代表和校内教师共同评审学生的项目成果。2022 年的数据显示,参与展示的学生中,有 85%的项目获得了企业的高度认可,其中 30%的项目直接被企业采纳并投入实际应用。这种展示形式不仅为学生提供了展示实践能力的平台,还通过外部评审的反馈,帮助学院不断优化实践教学内容和方法[25]。

过程性评价的引入也显著提升了实践教学的效果。以宿迁学院园林专业为例,其实践教学评价体系通过阶段性考核和动态反馈机制,将学生在实践过程中的表现分为多个维度进行评分,包括知识应用能力、创新思维能力和职业素养等。根据 2021 年的统计数据,采用过程性评价后,学生的实践能力综合评分提升了 15%,在创新思维和问题解决能力方面表现尤为突出。

为确保评价体系的可测量性和可改进性,现代产业学院还需建立数据驱动的评价反馈机制。以岭南师范学院"双碳"电力与智能家电产业学院为例,学院通过大数据分析技术,对学生的实践表现进行量化评估,并结合企业反馈和教师评价,形成多维度的评价报告[22]。这种数据驱动的评价方式不仅提高了评价的科学性,还为教学改进提供了精准的依据。2023 年的评价数据显示,学生在智能家电设计项目中的创新能力评分较 2022 年提升了 12%,这一结果直接推动了学院在相关课程中增加了创新设计模块。

实践教学评价体系的完善还需要注重评价主体的多元化。以滁州学院智能建造现代产业学院为例,学院引入行业专家、企业技术骨干,与校内教师共同组成评价委员会,对学生的实践能力进行综合评估。这种多元化的评价主体不仅提高了评价的权威性,还通过不同视角的反馈,帮助学生更全面地认识自身的优势和不足。2022 年的评价结果显示,采用多元化评价主体后,学生的实践能力评分标准差降低了 20%,表明评价结果更加均衡和客观[7]。

实践教学评价体系的完善还需与课程体系和教学方法的优化相

结合。以保定学院人工智能产业学院为例，学院通过将实践评价结果与课程设计挂钩，动态调整实践教学内容和方法。2023年的评价数据显示，学生在机器学习项目中的实践能力评分较低，学院随即在相关课程中增加了实战案例分析和企业项目实训环节，使学生的实践能力在后续评价中显著提升[8]。

通过以上案例可以看出，科学的实践教学评价体系不仅能够全面考核学生的实践能力，还能通过数据驱动的反馈机制和多元化的评价主体，为教学改进提供有力支持。这种评价体系的建立和完善，是现代产业学院人才培养模式成功实施的重要保障。

4.5　设计模块化的课程体系

4.5.1　课程体系设置的基本要求

课程体系是人才培养的顶层设计，是由多门课程（含理论与实践环节）按逻辑关系构成的有机整体，体现专业定位、培养目标和产业需求的系统性衔接，主要包括公共基础课程和专业课程。首先，要按照国家有关规定开齐开足公共基础课程。以高职专科为例，应将思想政治理论、体育、军事理论与军训、心理健康教育、劳动教育课程列为公共基础必修课程。将党史、新中国史、改革开放史、社会主义发展史、中华优秀传统文化、大学语文、高等数学、大学物理、化学、公共外语、应用文写作、国家安全教育、信息技术、艺术、职业发展与就业指导、创新创业教育等列为必修课程或选修课程。

专业课程一般包括专业基础课程、专业核心课程、专业拓展课程，并涵盖实训等有关实践性教学环节。专业基础课程是为专业核心课程提供理论和技能基础的课程，即需要集中学习的理论知识和技能构成的课程。一般设置6～8门。专业核心课程一般设置6～8门。专业核心课程设置依据典型工作任务描述进行设计，涵盖主要工作任务与工作内容,使用的设备工具、软硬件资源等。每门课设置若干条典型工作任务,可一对多或者多对一完成。有关描述应根据《中华人民共和国职业分类大典(2022 年版)》职业目录所列职业主要工作任务,并充分体现通过调研掌握的相应岗位升级的新需求。分条填写专业核心课程主要教学内容,每门 100 字左右,应注意对应人才培养规格中的相关要求,对应典型工作任务,并将新技术、新工艺、新管理方式、新服务方式、考证标准、竞赛标准等反映在核心课程主要教学内容中。

同时,学校应结合实际,落实课程思政,推进全员、全过程、全方位育人,实现思想政治教育与技术技能培养的有机统一。应开设安全教育(含典型案例事故分析)、社会责任、绿色环保、新一代信息技术、数字经济、现代管理等方面的拓展课程或专题讲座(活动),并将有关内容融入专业课程教学中;将创新创业教育融入专业课程教学和有关实践性教学环节中;自主开设其他特色课程;组织开展德育活动、志愿服务活动和其他实践活动。

在学时安排方面:公共基础课总学时一般不少于总学时的 25%。实践性教学学时原则上不少于总学时的 50%,其中,岗位实习累计时间一般为 6 个月,可根据实际集中或分阶段安排实习时间。各类选修课程的学时累计不少于总学时的 10%。

4.5.2 课程体系与课程的关系

课程是体系中的最小实施单元,聚焦具体知识/技能点。二者关系类似“金字塔结构”:体系决定课程的定位与边界以及课程支撑体系的落地。为此,课程体系构建时要对接企业需求,要遵循课程体系开发理论,从顶层设计避免“课程孤岛”,强化“颗粒－结构”联动:将企业真实项目(颗粒)按体系逻辑(如能力层级)拆解到课程中,通过课程评价数据(如考证通过率、项目完成质量)的数据驱动,优化反哺体系,形成“体系设计→课程实施→效果反馈→体系优化”的闭环。

第一,课程体系目标需要分解为课程目标,后者需反向验证前者达成度。首先，产业需求变化（如 AI 技术迭代）首先冲击课程体系（需新增“元宇宙实训”模块），进而倒逼课程内容更新。其次，依据结构协同体系理论，课程体系与课程之间要具备动态适配性，即强调课程间的横向关联与纵向递进，形成“体系共建一课程共担”的闭环。如重庆城市管理职业学院物流专业群，先通过《物流基础》打基础，再经《智能仓储系统设计》（含企业真实数据项目）提升，最后在《物流大数据分析》中综合应用，形成“认知一实践一创新”的螺旋上升结构。再次，创新赋能性。例如课程体系层面的“三融合”（如思政＋创新＋学科）需通过单门课程的“微创新”实现。广西机电学院《图形设计》通过“红色文化＋AI 技术”的课程设计，落实了体系中“价值引领＋技术创新”的双重目标。

第二，课程内容需符合体系的模块化设计原则。基于岗位职业能力分析，重构课程内容，如图 4－3 所示。例如岭南师范学院“双碳”产业学院的《智能家电能效优化》课程，整合电力系统、家电技术的跨学科内容，正是其“多学科交叉”课程体系的微观映射。

图 4－3　模块化处理

第三，评价联动。体系层面的评价（如毕业生就业率、企业满意度）依赖课程评价（如项目答辩、技能考证通过率）的支撑。2023 年数据显示，重庆城市管理职业学院参与“智能仓储”课程的学生薪资提高了 15％，直接验证了该课程在体系中“提升实践能力”定位的有效性。

在产教融合场景下，课程体系是“产教逻辑”的具象化蓝图，课程是“工学结合”的最小执行单元。二者关系如同“集成电路板与元器件”——体系决定功能边界与协同规则，课程则通过精准“卡位”实现整体效能。唯有以体系思维设计课程、以课程创新反哺体系，才能破解“校企两张皮”，真正实现“岗、课、赛、证、训、创”的深度融合。

4.5.3 模块化课程体系设计

课程体系的模块化设计是现代产业学院人才培养模式的核心创新之一。现代产业学院要组建人才培养和课程体系开发组织机构，成员要包含专业教师、企业人员、职教专家等。在人才需求调研的基础上，开展岗位能力分析、职业能力分析、典型任务分析等，请教该专家、企业专家或技术人员到校开展专业建设研讨会，构建课程体系。

1. 模块化课程体系设计的意义

模块化设计的优势在于其灵活性和针对性，能充分考虑产业需求和学生发展需求。这种设计不仅能够满足学生的个性化学习需求，还能为校企合作提供更多切入点。企业可以根据自身需求选择特定模块进行深度合作，从而增强课程的实用性和针对性。模块化设计还能为学生提供多样化的学习路径选择。学生可以根据自身兴趣和职业规划选择特定模块进行深入学习，从而提升自身的专业能力和就业竞争力。

2. 模块化课程体系设计需要校企深度合作

模块化设计的成功实施离不开校企深度合作，其实施效果已经在多个现代产业学院得到验证。以岭南师范学院“双碳”电力与智能家电产业学院为例，其课程体系通过模块化设计实现了与电力产业的深度对接。以滁州学院智能建造现代产业学院为例，其课程体系通过模块化设计实现了与建筑产业的深度对接。

3. “四模块”的模块化课程体系设计案例分析

模块化课程体系能弹性适配产业变迁，核心逻辑：1 个专业＝N

个模块。例如基础模块、专业模块、综合模块和创新模块，基础模块和专业模块是每位学生必修课程，综合模块和创新模块采用弹性选课机制。建议第 1—2 学期学习基础模块课程：通识基础课程和专业基础课程；第 3—4 学期学习专业基础模块课程和少量的综合模块课程；第 5—6 学期学习综合模块和创新模块课程。

以“岗、课、赛、证、训、创”六位一体人才培养模式的课程体系构建为例，通过将课程体系划分为基础模块、专业模块、综合模块、创新模块，能够实现课程的灵活组合与动态调整，从而更好地满足学生个性化学习需求和产业发展的实际需要。这种模块化设计不仅能够根据产业需求快速调整课程内容，还能为学生提供多样化的学习路径选择，如图 4－4 所示。

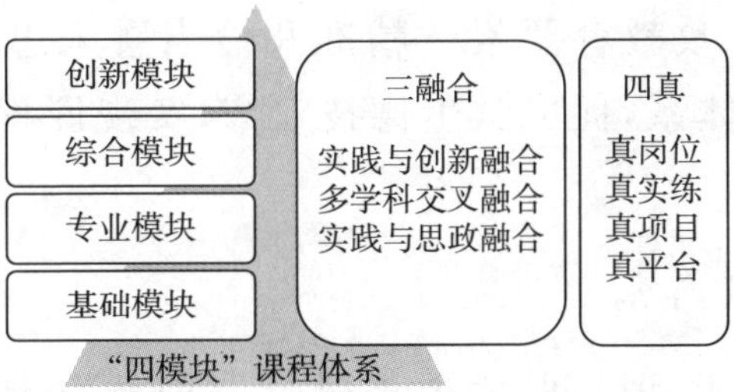

图 4－4　四模块课程体系

4.6　开发“岗课证赛训创”融合课程

4.6.1　“岗课证赛训创”六融通重构课程内容

1. 标准引领

课程是教学载体，是人才培养高质量发展的切入点。现代产业学院在课程内容与产业需求的对接上，通过深入分析产业发展趋势和岗位需求，优化课程设计，确保课程内容与产业实际需求高度契合。校企协同基于大数据、人工智能等技术实现产业发展现状与学生需求的精准分析。在此基础上，通过建设技术标准—岗位标准—教学标准—课程标准的标准链，引入真实的工作项目(任务)，对接产业链。这不仅促进了教育内容与企业实践的紧密结合，也提高了课程的实用性和前瞻性。

2. 思政融入

首先，课程有机融入党的二十大精神，保证正确的政治方向和价值导向，全面落实课程思政要求，秉承“溶盐于水、润物无声”的原则。其次，挖掘隐藏在企业文化、本土民族文化、校园文化、数智素养中的思政元素与知识技能的契合点。再次，结合学科特点和学科核心素养，在模块化各“应用场景”和考核评价等环节中，形成全过程育人思路：系统化设计思政教育要素—精准和恰当融入思政教育—构建含思政教育的评价体系，促成学生德技双修，实现课程思政与专业课程教学同向同行。

3. 重构课程内容

“岗、课、赛、证、训、创”六要素融合课程开发理念是：校企协同，对接岗位技能标准、人才培养目标、课程标准、职业技能考证要求、技能比赛考核要求的剖析及基于学情分析，对课程教学目标、课程内容、资源形式、课程结构、教学方法、评价等课程要素进行全方位的设计与开发；把教学知识和技能点、比赛、认证等相关内容进行解构与重组，模块化重构职业院校的课程内容，如图 4-5 所示。

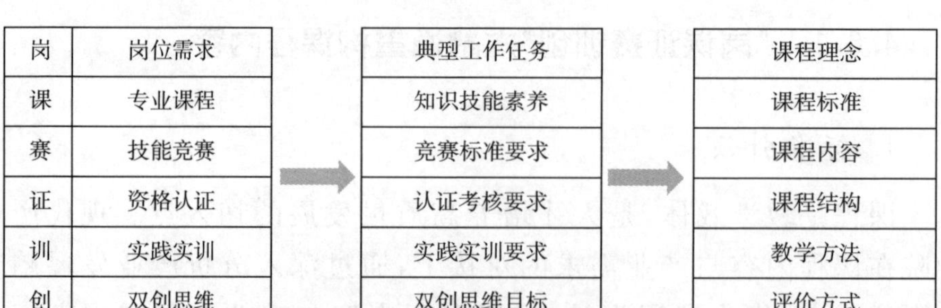

图 4-5 “岗、课、赛、证、训、创”融合课程开发

应用课程开发理念重构课程内容的方法是：通过校企协同通过课程改革，开发课程标准，重构课程内容、重组课程结构、改革课程活动方式等路径，将“工作岗位、专业课程、技能竞赛、资格认证、实训实习、创新创业”的资源进行碎片化和颗粒化，对接企业场景创设职业情境，归纳生产工序组织教材结构，将产教融合的真实工作项目教学化，重构课程内容，使“岗、课、赛、证、训、创”六要素相互嵌入、合为一体，开发课程如图 4－6 所示。使岗位能力培养和比赛、考证、实训、双创等活动紧密对接，彼此影响，相互促进，共同促进新技术的掌握和创新能力形成，从而实现教学高质量发展。

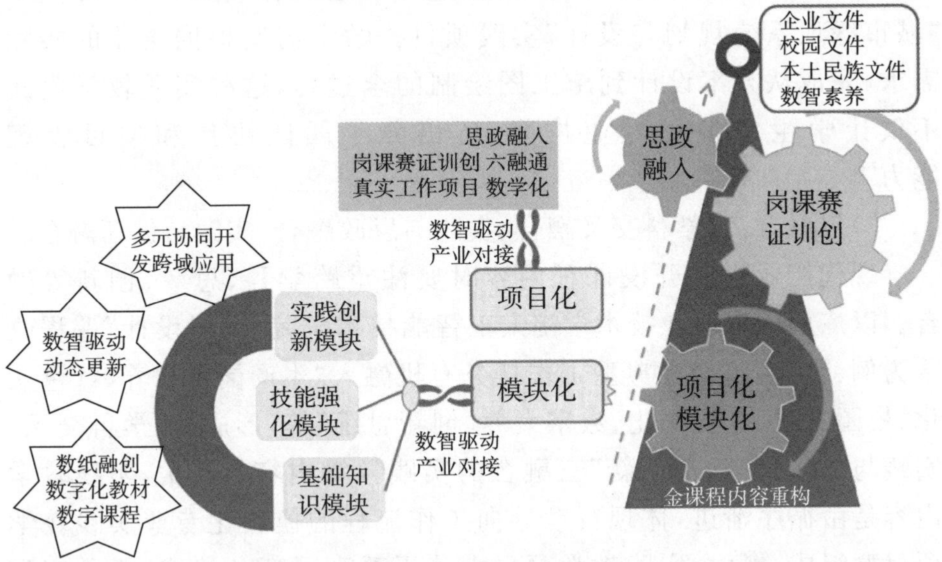

图 4－6　课程内容重构

4．案例分析

1）引入前沿的新技术、新知识

以湖南中医药大学创新中药现代产业学院为例，该学院在课程设计中引入了中药现代化生产技术、中药质量控制技术等前沿内容，并结合企业实际需求，开发了中药制剂工艺优化、中药新药研发等实践项目。在课程内容优化过程中，现代产业学院注重引入行业前沿技术和案例分析。以重庆城市管理职业学院现代物流管理专业群为例，该学院与京东物流、顺丰速运等企业合作，将智能仓储系统、物流大数据分析等前沿技术融入课程体系。通过企业提供的真实案例，学生能够深入了解物流行业的实际运作模式和技术应用场景。在"智能仓储系统设计与优化"课程中，学生需要根据企业提供的实际数据，设计并优化仓储布局和物流路径，这种教学方式显著提升了学生的实践能力。

2)引入真实工作项目

工作项目的引入是课程内容与产业需求对接的重要环节。以宿迁学院园林专业为例，该专业通过与当地园林企业合作，开发了"城市绿地系统规划与设计"实践项目。学生需要根据企业的实际需求，完成从方案设计到施工图绘制的全过程，这种实践教学模式不仅让学生掌握了专业技能，还培养了团队协作和项目管理能力[11]。

3)三融合：多学科交叉融合、实践与思政融合、实践与创新融合

现代产业学院开发课程内容时要注重跨学科、思政、创新等融合。以广西机电职业技术学院人工智能技术学院"图形设计"课程改革为例：首先，将企业典型工作任务有机融入"生产岗位素养、红色文化、校园文化、企业文化、数字素养、创新思维"等，形成"多学科交叉、实践与思政、实践与创新"三融合的实践教学内容。其次，实践教学内容是由循序渐进，体现行动导向工作流程的模块化专业实践教学项目群组成。每个实践教学项目由若干系列子任务组成，任务序列顺序应综合考虑核心素养、教学内容与学业质量间的联系，循序渐进，能促进学生在实践能力提升过程中达成对知识的深层次、持久性理解，有效地培养学生的创新思维与知识迁移运用能力。最后，引入人工智能或元宇宙等新技术，开发虚实结合的教学资源，解决部分学科建设中出现的教学资源不足、设备更新快、投入成本高的问题。开发具有开放性的线上线下数字课程，应用数字资源管理平台，推进智适应学习的应用，支持移动学习和个性化学习。

以岭南师范学院"双碳"电力与智能家电产业学院为例，该学院

将电力系统分析与智能家电技术相结合，开发了“智能家电能效优化”课程。学生需要运用电力系统分析的知识，优化智能家电的能效设计，这种跨学科的课程设计不仅拓宽了学生的知识面，还培养了学生的综合应用能力。

在课程内容与产业需求的对接中，现代产业学院还注重培养学生的创新能力。以滁州学院智能建造现代产业学院为例，该学院通过引入 BIM 技术、智能建造系统等前沿技术，开发了“智能建造技术应用”课程。学生需要根据企业的实际需求，完成从设计到施工的全过程任务，这种教学模式不仅让学生掌握了最新的建造技术，还培养了学生的创新思维和解决复杂问题的能力[7]。

综上，以“岗、课、赛、证、训、创”六要素融合为核心，构建了现代产业学院课程改革的实践框架，呈现三大突破性价值：内容重构的产业深度：通过真实项目拆解、前沿技术嵌入（如 AI，元宇宙），实现课程内容与产业需求的“同频共振”，破解“课程内容落后于产业”的顽疾；育人模式的范式创新：三融合设计（学科＋思政＋创新）突破传统课程的知识孤岛，如广西机电职院将红色文化融入图形设计，培养“技术＋人文”双素养人才，符合新质生产力培养需求；评价体系的实践导向：以薪资溢价、成果、认证通过率等硬指标验证改革成效，构建“输入（产业需求）－过程（项目教学）－输出（能力提升）”的完整发展链，为职业教育课程改革提供可复制的“现代产业学院课程开发范式”。

4.6.2　“三三”课程建设机制

1. 建设机制

课程评价与反馈机制是现代产业学院人才培养模式中不可或缺的一环，是有效提升课程质量并推动教学方法持续改进的机制[59]。“三三”课程建设机制指的是“三教（教师、教法、教材）”同频提升，实现教材＋数字课程动态调整、实时更新和周期修订，课堂教学质量稳定提升，“三级”反馈是指课程建设对教育元素共进协调发展的逻辑关系，搭建三级“建设子闭环”：课堂教学反馈课程三维目标达成度、校企课程应用评价反馈、人才培养质量反馈，当课程质量未达到预设的目标值时，启动对应的课程内容更新与优化进程。这三级反馈机制，层层递进，以专业人才培养方案和标准链为教材建设的纲领，通过反馈形成比较“变量”，调节控制“三教”状态，实现其与“三教”同步改革，互为依托、相互作用，敏捷反映学生个性发展、学习方式转变、数字技术赋能、科学技术更新、产业结构调整及企业转型升级等教育教学改革需求，最终实现校企协同共建，实现教学和课程、教师、教学方法改革等教育元素共进协调发展，提升教学质量治理水平，促进资源育训共享，如图 4 - 7 所示。

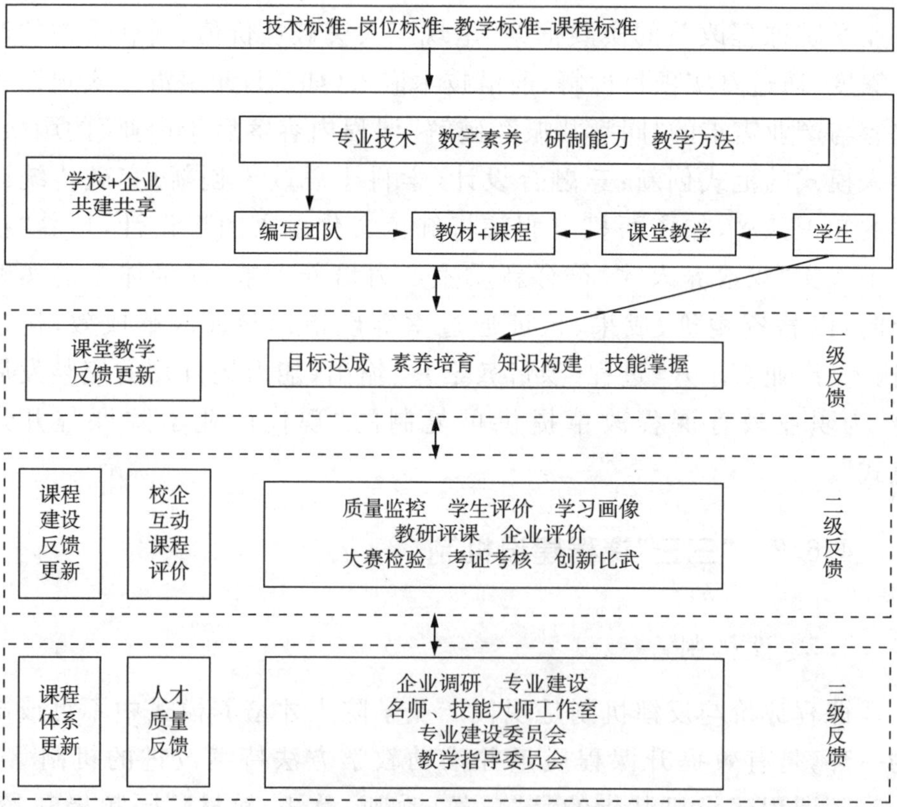

图 4 - 7 “三教同频”课程建设机制

2. 课程建设评价

首先,以湖南中医药大学创新中药现代产业学院为例,该学院在课程评价中引入了企业导师评价机制,企业导师不仅参与课程设计,还通过项目实践和实习环节对学生的表现进行实时评估。根据2022年的统计数据,企业导师评价的引入使得课程满意度提升了15%,学生实践能力显著增强。这种评价方式不仅能够反映学生的实际能力,还能为课程内容的调整提供直接依据。学生自评和同行互评机制的引入进一步丰富了评价维度,同行互评还能够帮助学生从不同视角审视自己的学习成果,从而发现自身不足并加以改进。

其次,在评价体系的构建中,基于数据驱动的跨学科应用和多角度分析、评价与反馈机制的优化有着重大价值。它可以在评价体系中引入大数据分析技术,通过对学生学习数据的实时监测和分析,精准识别课程中的薄弱环节。根据2023年的数据分析结果,通过数据驱动的评价方式,课程内容的更新速度提升了30%,教学效果显著改善。这种基于数据的评价方法不仅能够提高评价的客观性,还能为课程的持续优化提供科学依据。

再次,课程评价与反馈的优化还需要注重评价结果的反馈与应用。例如:以永州职业技术学院新五丰现代畜牧产业学院为例,学院在每次评价结束后,都会将评价结果反馈给相关教师和学生,并根据反馈意见进行课程调整。根据2023年的反馈数据,通过及时反馈和调整,课程内容的实用性提升了20%,学生的学习效果显著改善。这种反馈机制不仅能够提高课程的针对性,还能为学生的个性化学习提供支持[75]。

4.7 创建符合教育管理部门要求的教学条件

1. 教学设施

主要包括能够满足正常课程教学、实习实训所需的专业教室、实验室、实训室和实习实训基地[60]。

2. 专业教学和实验、实训场所

符合面积、安全、环境等方面的要求,实验、实训设施对接真实职业场景或工作情境,能够满足实验、实训教学需求。

3. 实习场所基本要求

现代产业学院的实习场所要符合国家、省教育部门、学校职能管理部门等对实习单位的有关要求,确定合法经营、管理规范,实习条件完备且符合产业发展实际、符合安全生产法律法规要求,与学校建立稳定合作关系的单位成为实习基地,并签署学校、学生、实习单位三方协议。

现代产业学院依据本专业人才培养的需要和未来就业需求,建设实习基地[60]。实训基地应能提供与专业对口的相关实习岗位,能涵盖当前相关产业发展的主流技术,可接纳一定规模的学生实习;学校和实习单位双方共同制订实习计划,能够配备相应数量的指导教师对学生实习进行指导和管理,实习单位安排有经验的技术或管理人员担任实习指导教师,开展专业教学和职业技能训练,完成实习质量评价,做好学生实习服务和管理工作,有保证实习学生日常工作、学习、生活的规章制度,有安全、保险保障,依法依规保障学生的基本权益。

4.8 设计与开发教学资源

教学资源主要包括能够满足学生专业学习、教师专业教学研究和教学实施需要的教材、图书及数字化资源,如教材、数字资源、平台、课程等。

教学资源建设在职业院校实践教学高质量发展中扮演着基础且关键的角色。它直接关系到教学内容的更新速度、教学方法的现代化程度以及教学效果的优劣。

4.8.1　教学资源设计与开发的原则

首先,“岗、课、赛、证、训、创”融合重构课程内容,通过教学资源的整合和优化,促进教学质量提升。其表现为:确保教学内容与时俱进,紧跟市场需求和技术发展,及时更新教学内容,将新方法、新技术、新工艺融入课程。例如,教育部推动的“双高计划”中,强调了课程内容与职业岗位的对接,推动课程内容的改革与创新,在《职业教育专业简介》中提到,要建立健全职业教育课程标准并建立定期更新机制。从跨学科的角度来看,教学资源的开发不仅涉及教育技术领域,还与计算机科学、心理学等多个学科密切相关。虚拟仿真实验的开发需要结合计算机图形学和用户体验设计,而数字化教材的设计则需要考虑认知心理学中的学习规律。这种跨学科的融合为信息化教学资源的开发提供了更多的可能性,同时也对高校的学科建设提出了更高的要求[61]。

其次,教学资源建设要以学生为中心,满足学生的个性化和差异化需求。通过建设多样化、形式丰富的教学资源库,如数字教材、仿真软件、AI 助教、在线课程等,学生可以根据自己的学习节奏和风格,选择合适的学习材料,促进自主学习和终身学习。以广西警察学院为例,该校通过引入公安大数据现代产业学院的教学管理系统,实现了对学生学习数据的实时监控与分析。该系统能够根据学生的学习行为数据(如学习时长、知识点掌握情况等)自动生成个性化学习建议,帮助教师及时调整教学策略。据统计,使用该系统的班级在课程通过率上提升了 12%,且学生对教学效果的满意度显著提高。

再次,教学资源的开放性和共享性也是提高教学质量的关键。如在《关于深化现代职业教育体系建设改革的意见》提出:建设开放型区域产教融合实践中心[31][50],集聚资金、技术、人才等要素,为学生提供更丰富的学习资源和实践机会,增强学生的实践能力和创新能力,拓宽学生成长成才的通道,为学生提供更多样化的学习路径和更灵活的学习方式,使学生能够根据自己的兴趣和职业规划进行选择,从而促进学生的全面发展。通过建立开放的教育资源平台,不同院校和地区的教师可以共享教学资源,促进教学方法和经验的交流,优化教学资源的使用效率和教学效果。

最后,教学资源建设还需要关注学生的创新能力培养。通过设计创新项目、研究课题和创业模拟等资源,激发学生的创新思维和创业精神,为学生提供实践创新的机会。

因此,教学资源开发不仅是现代产业学院人才培养模式的重要组成部分,也是推动高等教育改革的重要手段。通过在线课程、虚拟仿真实验和数字化教材等多种形式的创新,信息化教学资源不仅丰富了教学内容和形式,还提升了教学的灵活性和互动性,为培养符合产业需求的高素质人才提供了有力支持。未来,随着技术的进一步发展,信息化教学资源的开发将更加注重个性化和智能化,为现代产业学院的人才培养注入新的活力。

4.8.2 重构"四维"信息化教学平台

1. 构建"资源—数据—评价—创新"四维一体生态的教学平台

信息化教学平台的搭建是现代产业学院人才培养模式中的重要环节,其核心目标在于整合教学资源、学习数据和评价工具,实现教学过程的数字化管理。数智时代下,现代产业学院的信息化教学平台应该突破传统"资源仓库"定位,形成"产业需求感知→教学资源响应→学习数据反哺→教学模式迭代"的闭环系统。建设产业资源平台,实现校企数据的无缝流通。

平台是产教融合的"数字突触"。信息化教学平台已超越工具属性,成为校企信息交互的神经元、产业需求传导的突触、人才能力生长的培养基地。当京东物流的数据实时驱动重庆城市管理学院的教学工单,当湖南中医药大学的虚拟实验同步药企的生产参数,职业教育真正实现了与产业的"数字同频"。这不仅是教学效率的提升,更是教育供给侧与产业需求侧的深度耦合——平台之上,正在生长出面向未来的新质生产力培养范式。以重庆城市管理职业学院现代物流管理专业群为例，该校通过搭建"智慧物流教学平台"，将课程资源、实训数据和企业案例整合到一个统一的数字化平台上，实现了教学资源的共享与优化。该平台不仅支持在线课程学习，还集成了虚拟仿真实验、企业真实项目数据分析和学生能力评估模块，显著提升了教学效率和质量。根据2022年的统计数据，该平台上线后，学生的实践能力考核通过率提升了15%，企业满意度提高了20%。

2. 平台建设有利于教学资源整合、共享与优化

以湖南中医药大学创新中药现代产业学院为例，该校通过与企业合作，将中药研发、生产、质检等环节的真实数据引入教学平台，形成了"理论＋实践＋创新"三位一体的教学模式。学生可以通过平台访问企业的生产数据，参与虚拟实验设计，并在平台上完成从理论到实践的完整学习闭环。这种模式不仅提高了学生的学习兴趣，还拓展了其解决实际问题的能力。根据2023年的调查数据，该平台上线后，学生的创新能力评分提升了25%，企业反馈的毕业生适应期缩短了30%。信息化教学平台的搭建还促进了教学资源的共享。以滁州学院智能建造现代产业学院为例，该校通过搭建"智能建造教学平台"，实现了校内外教学资源的共享。平台不仅整合了校内课程资源，还引入了企业的技术文档、工程案例和行业标准，形成了"校一企一行"三位一体的资源库。根据2022年的统计，该平台上线后，学生的实践能力评分提升了18%，企业的参与度提高了25%。这种资源共享模式不仅优化了教学资源配置，还增强了校企合作的深度与广度。

3. 学习行为洞察：AI驱动的精准教学

采集"认知（学习时长）一实践（学习完成度）一创新（方案采纳率）"多维度数据，AI生成的《能力画像报告》使教师备课效率提升，提高学生个性化学习路径的匹配度。通过设置学习预警指标，提升学生学习反馈与自我约束力。

第一，学习数据的采集与分析是信息化教学平台的重要功能。

以宿迁学院园林专业为例，该校通过搭建“智慧园林教学平台”，实现了对学生学习行为的全程跟踪与数据分析。平台通过采集学生的学习时长、知识点掌握情况、实践操作表现等多维度数据，生成个性化的学习报告，并为教师提供教学改进建议。根据2022年的统计，该平台上线后，学生的课程通过率提升了18%，教师的教学满意度提高了22%。这种基于数据的精准教学管理模式，不仅优化了教学资源配置，还能够有效地支持学生的个性化学习和成长。

第二，信息化教学平台的搭建推动了教学模式的创新。以岭南师范学院“双碳”电力与智能家电产业学院为例，该校通过搭建“‘双碳’电力教学平台”，将传统的课堂教学与虚拟仿真实验相结合，形成了“线上＋线下”混合式教学模式。平台通过引入虚拟现实技术，实现了对电力系统运行、智能家电设计等复杂场景的模拟，显著提升了学生的实践能力。根据2023年的数据，该平台上线后，学生的实践能力评分提升了20%，教师的教学满意度提高了25%。这种创新教学模式不仅提高了教学效果，还为学生的职业发展提供了有力支撑。

第三，信息化教学平台的搭建推动了教学模式的多样化。以永州职业技术学院新五丰现代畜牧产业学院为例，该校通过搭建“畜牧教学平台”，将传统的课堂教学与虚拟仿真实验相结合，形成了“线上＋线下”混合式教学模式。平台通过引入虚拟现实技术，实现了对畜牧生产、疾病防控等复杂场景的模拟，显著提升了学生的实践能力。根据2023年的数据，该平台上线后，学生的实践能力评分提升了18%，教师的教学满意度提高了20%。这种多样化教学模式不仅提高了教学质量，还促进了学生思维能力、学习能力的提高。

4. 数字化评价体系：智能考评引擎，实现多模态能力认证

信息化教学平台的搭建可以促进教学评价的科学化。以保定学院人工智能产业学院为例，该校通过搭建“人工智能教学平台”，实现了对学生学习效果的全程跟踪与科学评价。平台通过引入机器学习技术，实现了对学生学习行为的智能分析与评价，显著提高了评价的客观性和准确性。这种科学化评价体系不仅提高了教学效果，还为

学生的能力提升提供了科学依据。

5. 信息化教学平台实施成效

信息化教学平台的搭建还促进了教学管理的数字化。以广西警察学院公安大数据现代产业学院为例，该校通过搭建"公安信息技术应用教学平台"，将传统的纸质考试和实操考核转化为数字化评价体系。平台通过引入人工智能技术，实现了对学生实践操作、案例分析、团队协作等多维能力的自动化评估。这种数字化评价体系不仅提高了评价的数字化和可视化程度，使评价更具有客观性和准确性，还促进了对学生能力状态的科学分析与反馈。

信息化教学平台标杆数据对比的效益解析示例可见表 4－1 所列。

表 4－1　2024 年标杆数据对比

指标	传统平台	新型信息化平台	效益解析
资源更新周(月)	6	1.5	产业响应速度提升 300%
学生创新成果转化	0.3 项/生	0.9 项/生	技术应用能力增长 200%
企业参与度	35%	78%	校企协同深度提升 123%
教学管理效率	45 分钟/课	15 分钟/课	数字化工具释放 66%教师产能
毕业生起薪溢价	8%	29%	实践能力转化为直接经济价值

（数据来源：教育部 2024 年产教融合信息化专项评估，样本院校 32 所）

4.8.3　开发新形态教材

依据对 300 名职业教育教师开展新形态教材开发与应用情况调研，并结合文献调研，得出目前新形态教材存在的主要问题：首先，部分新形态教材模式不合适该学科知识与技能的学习，导致师生对这些教材的认可度不高[62]，如专业基础课程采取工作手册式教材，不利于培养学生系统化的思维。其次，部分新形态教材结构不合理。例如，有的活页式教材往往只是改变了装订形式，而教材内容非模块化结构仍是传统学科知识体系结构，形成了"新瓶装旧酒"的局面[63]。

再次，教材内容不合理。如教材的任务情境创设和编排顺序不符合学习者的特征及认知规律，或者是教材内容更新过慢，与岗位能力、新技术、新工艺、新方法等对接不足，影响了教材的整体质量[64]。此外，部分教材思政教育元素缺失或植入过硬，缺乏体系化的设计与有效的评价体系；最后，教材数字化资源开发的规范性和丰富性不足，影响了教材质量和应用的体验感，影响了教育数字化改革成效。为此，对职业教育新形态教材的内涵与本质进行剖析，构建出新形态教材开发策略是教学质量提升的必然要求。

1. 职业教育新形态教材的主要类型和内涵

新形态教材，是指其外在形态和内在形态相较于传统教材的创新模式[65]。

1）活页式教材的本质是内容组织模式的改革

活页式教材不仅是装订模式的改变，本质是教材内容与结构的创新，是内容组织模式的改革。普通教育教材通常是知识本位的学科体系教材，注重知识的内在逻辑和系统性，采用标准化的编写风格和结构，具有一定的稳定性和继承性[66]。然而，由于新技术、新工艺、新业态、新方法等不断涌现，易导致部分职业教育教材内容失去学习价值。此外，教材开发的周期较长也易导致教材与实际需求对接不足。如果需要依据岗位能力或学习者需求的变化更新或增删部分内容，则需要教材的内容结构由若干独立的内容群构成[67]。而模块化教材的内容结构是依据培养学习者所需的职业能力划分成若干个模块，每个模块都有明确的学习目标、内容和评估标准[68]，这些具有相对独立性的系列模块化结构，能依据教师或学生需求对教材内容灵活地进行变更和重组，从而提升教材应用和更新的灵活性。因此，活页式教材的基础是内容组织模块化。

2）工作手册式教材本质是教材内容和编排方式的创新

工作手册式教材模式来源于企业操作手册，其本质是教材内容和编排方式的创新。随着职业教育和技能训练的发展，工作手册式教材在保持实践教学操作性强的基础上，经历了教材内容、媒介、学习方式等方面的演变。进入 21 世纪，基于问题导向工作手册式教材成为该类教材改革的方向[69]。其通过工作过程系统化的问题引导，将实践操作、安全和素养要求、评价标准和实施步骤等有机融合，重构教学内容，促进了学习者在寻求解决方案的过程中构建知识与技能体系，并提升实践和创新的能力。

3)数字化教材本质是教学内容呈现方式和学习模式的变革

数字化教材是一种将传统纸质教材转变为数字化电子形式的教材，体现了教材形态之传播媒介的创新，它利用融媒体技术、现代教育技术手段，使得教材的部分内容或全部内容以数字化形式呈现，方便用户在终端设备上进行阅读和学习[70]。将传统纸质媒体与数字媒体相融合的新形态教材称为融媒体教材。教材媒介全数字化的教材称为数字教材。

数字化教材是教育领域与信息技术深度融合的产物，其本质是教学内容呈现方式和学习模式创新，具有以下特点。

一是富媒体融合。数字教材通常集成了教学资源、学习工具、评估工具等，形成了一个综合性的各类资源融合的教学和学习平台。在平台上，融合了文本、图像、声音、视频、动画等多种媒体形式，提供了比传统纸质教材更丰富的信息呈现方式。随着 VR(VR－Virtual Reality，虚拟现实)、AR(Augmented Reality，增强现实)等技术的应用，能通过数字信息增强或营造沉浸式的虚拟环境，提升用户的沉浸性学习体验感。

二是高效率传播。首先，互联网的传播特性，构建了跨平台的学习模式，使学生无论是使用智能手机、平板电脑还是个人电脑，都可以方便地访问教学资源。其次，载体的数字化特征，使其在结构和内容方面的迭代更新成本低、速度快。

三是个性化学习。随着人工智能、大数据、知识图谱等技术的发展，不少数字教材或数字化教材开发了配套的在线数字课程。其可支持移动学习与混合式学习活动开展，并通过对学习数据进行统计与分析，生成师生学习画像，更有利于为学习者提供个性化的学习行为分析、评估和建议，甚至可以提供个性化学习路径和资源，实现智适应学习和个性化学习效率的提升。

四是交互性。学生通过参与到在线讨论、互动问答、在线测试、问答游戏、仿真实践和模拟实验等互动环节，能促进学生的思考和交流活动成效提升，提高学生的参与度和兴趣，促进学生的深度学习和对知识与技能的理解。

2. 职业教育新形态教材开发策略

1)选择教材模式

首先，教材可以在外在形态、内在形态上选择一种或多种形态创新。即活页式教材、手册式教材，也可以是具备“活页式”或“工作手册式”教材又具备数字化特征的教材。其次，数字化教材开发不是否定纸质教材的地位，纸质教材仍是教材形态的主流，尤其是有的学习者处于互联网覆盖不全或移动终端设备不足的学习环境下，纸质教材的作用更不可取代。而数字化教材的特征和优势又是教育数字化改革的必然选择，为此，要充分考虑教材的应用场景和学习对象，合理应用数字技术，开发适用的数字化职业教育教材。最后，活页式和工作手册式教材并不适合所有的课程。对于理论为主的基础课程，内容逻辑性、稳定性较强，通常涉及多门学科的基本知识和技能，旨在为学生将来涉足多个职业领域打下坚实的基础，生硬的模块化可能会妨碍学生构建系统的知识结构，所以不易进行模块化处理。此外，对于那些难以细化为独立模块的课程内容，例如一些综合性较强的故障检修实训课程，由于解决问题的思路和方法需要运用到广泛的知识和技能，而解决问题的方法和途径又存在多样化，如果采用工作手册式的编写体例，可能不利于培养学生解决复杂问题的思维和能力。为此，不建议对这些课程使用该模式的教材。而综合性中等、可模块化的实践教学课程内容，则适合采用活页式或工作手册式的教材编写模式。因此，依据专业、学科、学情选择合适的新形态教材模式，是保障教材质量的基础。

2)设计模块化结构

弗兰克·帕森斯在 1909 年提出的“职业导向性理论”，将职业选择与个体的兴趣、能力和价值观联系起来，这为职业能力清单的形成提供了理论基础。职业能力清单开发的方法是先从某门课程所对应的岗位（群）中分析出职业能力，通过职业能力分析，形成若干条职业能力清单[65]，本质是将岗位（群）所需的具体知识和技能、素质转化为若干条结构相对独立的教育内容，从而设计出教材的结构。以“能力”为本位的职业教育教材模块化结构设计为例，其开发策略如下。

首先，分析能力需求。校企合作搜集、整理、分析相关的岗位职业能力。这一过程可以通过调查、访谈行业专家、企业人力资源部门和企业员工，以及召开实践专家研讨会等方式来实现。同时，还应当分析国家职业标准、行业标准和专业教学标准等官方文件的要求。其次，设计职业能力清单。明确各项能力的具体要求，包括将思政元素与职业素养、知识与技能、方法与过程、技能竞赛、职业认证等方面的要求有机重构到各条职业能力中，体现“知识、技能、素养”三维目标与内容的系统化、教学化。最后，编排模块化结构。将一条或多条职业清单组合成若干模块，每个模块专注于特定的能力、知识点或技能集合。模块编排的科学性是决定模块化教材质量的关键因素。各模块的知识技能深浅层次、逻辑关系要符合学生的学习特点和认知规律，体现学习目标和内容的层次关系和要求，确保各模块的目标与内容无显著的重复或能力培养遗漏现象，还要参考大部分学校的教学进度安排来确定模块的内容容量。

3）开发任务化的学习情境

任务化学习情境指以情境认知理论、建构主义、行动导向为理论基础，设计一个特定任务为中心的学习情境，支持和促进学生在完成特定任务的过程中，提升活动实践和核心素养，强调学生的主动性和参与性。

首先，任务化学习情境通常在教材内容确定后开始，其开发流程包含学习需求分析和目标确定、内容选择和结构组建、任务设计与编排、评估与完善等环节。情境可以基于“实际工作任务”，但更常见的是将这些任务进行教学化改造。首先，不同企业之间的代表性工作任务可能存在不一致；其次，在不同企业之间，同一产品的生产操作方法和规程可能差异较大。有的企业存在着实用性和利益化的现象，如按市场需求变化调整了产品的生产规格与流程，会导致产品质量和科学性不足。因此，我们要选择具有普遍意义的工作任务，教学化处理后的教学内容要具有科学性和教育性。其次，任务化学习情境设计需符合学生认知规律，依据对应的教学目标需求，任务要求有着差异性，按作用可分为封闭任务、开放任务、引导综合任务。其中，封闭任务：有具体、明确的目标、要求和操作程序的任务。如通过海报案例制作，完成指定的操作步骤，习得“蒙版的作用、操作方法”的相关知识与技能，体会该案例潜在的文化，培养相应的素养。因此，此任务适用于培养学习者应具备的职业规范和掌握单项技能与知识的学习载体。开放任务：提供指引和目标，但学习成果并非唯一确定答案。例如主题海报设计，学习者可通过分析、搜集信息、自主探索或小组合作、设计作品等学习流程来完成任务。因此，此任务适用于有了相关知识与技能基础，想要提高问题解决技巧，培养创新精神的学生。引导综合任务：提供目标，学习过程和成果有开放性，答案通常不确定。学生分组合作研讨、制订解决方案、实施、反馈完善等学习流程，提升综合应用能力。编者可以设计工作过程化的引导问题，引导学习者思考和探索，从而提升学习成效，培养系统化思维，如某城市文旅广告设计，不同的学习小组，可以制订出不同的行动计划，可能出现设计海报、宣传册等不同类型或不同媒介的广告制作方案，并找出不同的解决思路与方法。因此，此任务可用于培养学生知识与技能应用的迁移能力，提高综合职业能力和核心素养，最常应用于综合实训任务设计。

4)构建系统化思政教育体系

课程思政是指在课程教学中融入思想政治教育元素，旨在培养学生的社会主义核心价值观、国家认同感、科学思维、职业素养等。

首先，系统化设计思政教育。在教材开发过程中，课程中的思政元素设计应基于专业人才培养的目标，符合课程标准定位，并且紧密结合教学内容来挖掘和整合思政元素。这些元素应在教材的案例选择、教学方法的运用以及理论知识的学习和应用中得到体现，从而构建一个系统化的思政教育框架。其次,设计时应考虑到学生的接受能力和心理发展特点,确保思政元素的融入既自然又有效。再次,精准和恰当地融入思政教育。在教材内容重构上,不仅要通过教学情境设计和教学载体筛选恰当融入正能量内容,还应结合具体学科特点,挖掘与专业知识相关的社会现实问题和经典案例,这种做法能够促进学生在学习专业知识的过程中,同时理解并分析这些问题和案例背后的思政含义,从而增强学生的批判性思维能力。例如,在设计中秋月饼包装的教学活动中,学生不仅学会了相关的操作技能,而且通过深入了解中华优秀传统文化,增强了文化自信心。此外,要明晰教材内容的“高度、深度和热度”与“知识、技能、素养”三维特征的对应关系,进一步细化思政教育。高度不仅体现在对家国情感和文化自信的培养,还应注重培养学生的国际视野和跨文化交流能力。深度要求教师深入研究专业知识背后的价值取向和科学精神,以及如何将这些内容与思政教育相结合。热度则需要教师关注时事热点,设计与学生生活密切相关的问题,提高学生的参与度和学习兴趣。这些思政教育具体落实到每个教学任务的“三维”目标是使所有的思政教育元素细化后,能汇总成教材的总思政教育目标,实现教育元素不缺失,并增加可操作性和可评估度。最后,强化教学评价体系的作用。设计并实施一套包含思政评价指标的教学评价体系,包括学生的态度素养、参与程度、学习成果等多个维度,以全面评估课程思政的融入效果。

5)多元化建设教材配套的数字化教学资源

一方面指教材开发团队多元化,其由企业技术员、融媒体开发专家、课程专家、专任教师、学生试用成员等多方人员组成。多元化教材开发团队,首先要团队对教材开发达成共识,树立由“教师能力提升、教法改革及课堂教学活动实践应用”对接教材建设的“开发、应用、反馈”同步改革、整体联动的教材闭环建设观念,使教材开发与应用有可持续性的良性发展,故而提高开发的质量和效率。教材开发团队的数字资源开发能力、数字资源载体和获取来源特性等会影响教学资源质量,从而数字化资源的开发与应用成效受师生数字素养和教学能力的影响[70]。

另一方面指资源类型多元化，如数字资源类型有视频、课件、题库、素材库等；各类数字交互融合，如研讨区、知识图谱、学习画像等，而这些数字资源需要符合视觉传达原理与学习理论，形成资源相互关联、相互支持的立体多元化资源体系。首先，确保数字化资源与教材内容主题紧密相关，其开发目的是辅助学生更好地掌握知识和技能，使教学资源形式服务于教学内容。例如理论深奥的，可以提供动画和课件资源；对于核心操作技能，根据学习需要提供教学视频、动画、仿真训练等；对于涉及“1＋X”考证的理论知识和操作，可以设计对应的测试题和实践题；针对疑难问题，可以开设研讨区等。同时，定期更新数字化教学资源，确保内容与教材同步。及时修正和更新过时或错误的内容。其次，数字化教材开发要对交互性、易更新、学习成效、开发成本等因素的综合考虑，系统化设计多样化的教学内容、资源及其呈现方式，如视频、讨论、题库测试、实训实践和模拟实验等，增强学习的交互性、直观性，使教材呈现形式由静到动，从单一到“视、听、说、触”多感官融合，支持个性化学习，例如可借助智能技术如知识图谱和大数据分析等，为学习者提供个性化学习行为分析、评估和建议，优化教学内容和流程，提升学生参与度和兴趣，促进学生的思考和交流，提高学习精准度和效率。数字化教材还应具备直观、易操作的表现形式，如在纸质教材中嵌入二维码，再如要考虑在线课程或微课在不同设备下的兼容性，以保障学习的质量和教材易用性。此外，数字资源的开发与呈现要符合视觉传达原则和现代教育理念。如选择合适的二维码生成工具将教学资源内容转化为二维码，并确保其清晰度和可扫描性，以便学生使用移动设备进行扫描和访问；二维码的放置应靠近相应主题，排版应美观且易于识别，在二维码上方或下方有教学资源类型及操作说明。再如，建设配套在线数字课程，使纸质教材和在线数字课程能立体化支持教育数字化改革。将大数据、知识图谱应用到在线数字课程中，促进个性化学习和智适应学习，师生通过学习行为画像，使学习进度和成效数字化和具象化，从而也促进了评价改革。最后，提升师生的信息技术应用能力和数字素养，关注安全与隐私保护、知识产权维护等。一方面学校要加强师生信息技术应用能力和数字素养培养，为教材开发与应用打下良好基础。另一方面师生要有数字安全与隐私保护意识，对收集到的学生数据进行加密处理，以防止个人信息泄露和学生隐私被侵犯，还要关注数字资源的知识产权保护，促进数字资源开发与应用的规范性和科学性。

综上，新形态教材的开发关键在于内在形态模式的革新。新形态教材的内涵与本质是组织结构、内容重构、数字化和学习模式等内在形态的创新与实践。以教材结构与内容、思政融入、数字资源建设等为教材开发的切入点，选择正确的教材模式，设计结构与内容，构建系统化思政教育体系，多元化建设数字资源等教材开发策略。教学应用中获得好评，能有效地提升教材质量。随着教材数字化转型发展，继续探索职业教育教材的开发与建设仍是提升教学质量的关键要素。

4.9　构建三维驱动的教师团队建设体系

4.9.1　组建基于专业群发展的教师团队

打造教师教学创新团队是现代产业学院人才培养实现高质量发展的基础，学院可依托名师＋名匠引领，双师互聘，组建教师团队。通过强化专业群内各专业协同，设置专业群带头人，负责组织专业群内各专业的建设计划、课程建设、团队建设、基地建设以及教学运行管理等，以“三教”改革为抓手，提升教师课程开发能力和教学能力。

建设产业学院和校外实训基地相结合的产教融合发展平台作为师资队伍建设平台。一是这就不仅要加强产业学院的产教融合建设，还要多途径开展多家企业合作的校外实训基地建设，使不同的企业之间优势互补，以加强产教融合师资队伍建设的深度以及拓展合作路径，开展真实的产教融合项目运作，构建利益共同体，实现科教融汇，加强建设教师发展的产教融合教师成长平台。二是通过引进具有丰富产业经验的专家和培养校内教师的实践能力，打造一支理论与实践兼备的“双师型”教师队伍。以湖南中医药大学创新中药现代产业学院为例，该学院通过校企合作，成功引进了20余名来自制药企业的技术专家担任兼职教师，这些专家不仅具备深厚的行业经验，还能将最新的产业技术带入课堂，显著提升了学生的实践能力。三是，学院还通过“‘双师型’教师培养计划”，选派校内教师到企业挂职锻炼，参与实际项目研发，使其在实践中积累经验并反哺教学。据统计，该计划实施三年来，已有超过60%的校内教师完成了企业实践，教学效果显著提升。

因此，教师教学创新团队建设是现代产业学院实现产教融合的重要抓手。通过制定科学的认定标准、建立校企协同机制以及注重跨学科知识的融合，可以有效提升教师队伍的整体素质，为培养高素质应用型人才奠定坚实基础。

4.9.2 党建引领的“大思政课”能力跃升

教师队伍建设应遵循师德建设标准与要求，全面提升教师的课程思政开发与实践能力，为培养社会主义建设者和接班人作出积极贡献。为此，构建“党史基因库－产业思政案例－智能赋能工具”三位一体的党建引领课程思政能力培养体系是破解课程思政“两张皮”难题的基础。

第一，“党建＋”课程思政开发与实践能力是指教师团队通过党史学习、红色文化、课程思政、劳动教育等多种形式将党的理想、信念浸润教职员工的心灵，引导他们深入理解国家的基本政策、社会主义核心价值观等并树立坚定的信仰[66]。加强教师课程思政的设计与实践能力，提高教师课程思政能力，促成学生专业能力与思想政治素质同步提升。

第二，实施“双带头人”培育计划，如广西机电职业技术学院人工智能技术学院的第一党支部书记牵头开发“web 前端基础”在线课程获得省级思政示范课程。

第三，校企协同的思政浸润，加强现代产业学院企业教师意识形态教育，建立“企业导师思政资格认证”制度，教师通过党史＋产业政策考核，能够夯实其政治理论基础，推动理论与产业实践相结合。

第四，教师需要不断学习专业知识与技能，提高双师素质。

第五，提升团队教学能力，实现思政教育在教学中的有机融入。

第六，通过良好的师生关系，可以更好地进行课程思政教育。

4.9.3　校企联合培养的教师教学团队机制建设

1. 校企联合培养机制的建立是现代产业学院实现产教深度融合的关键环节

以广西机电职业技术学院人工智能产业学院为例，学院充分发挥党建引领作用，以德为先，激发“名师、名匠”的头雁作用，提出和实践了校企教师教学创新团队建设理论与培养路径。通过“校企师资互派”“专兼聘结合”等方式建设师资库，“校、院、企”师资共享，打造“专兼结合、校企互通”的高水平教师创新团队，为提高育人质量打下良好基础。校企双方互兼互聘工作，将产业学院建设成为具有示范和引领作用的高水平“双师型”教师培养培训基地。目前，该校双师教师比例超 50％，形成了“师德强、技术强、教学强、教研强、服务强”五强的精技善教的高水平教学团队。

2. 专业带头人选拔机制

原则上应具有本专业及相关专业副高及以上职称和较强的实践能力，能够较好地把握国内外相关行业、专业发展，能广泛联系行业企业，了解行业企业对本专业人才的实际需求，能够主持专业建设、开展教育教学改革、教科研工作和社会服务，并在本专业改革发展中起引领作用。

3. 专业教师"双师双岗"制度

原则上具有相关专业本科及以上学历;具有一定年限的相应工作经历或者实践经验,达到相应的技术技能水平;具有本专业理论和实践能力;能够落实课程思政要求,挖掘专业课程中的思政教育元素和资源;能够运用信息技术开展混合式教学等教法改革;能够紧跟新经济、新技术发展前沿,开展技术研发与社会服务能力的专兼结合的专任教师。专业教师每年在企业实践时间平均不少于1个月,聘请企业技术骨干担任兼职教师,形成双向流动的师资培养机制。在具体实施过程中,定期轮岗制度发挥了重要作用。以重庆城市管理职业学院现代物流管理专业群为例,学院制定了详细的教师轮岗计划,要求每位专业教师每两年必须完成一次为期6个月的企业轮岗实践。轮岗期间,教师深度参与企业实际运营,将实践经验转化为教学案例。据统计,通过轮岗实践,教师开发的企业真实案例教学资源库达到1200余个,有效提升了课堂教学的实践性和针对性。

4. 校企联合科研的师资培养机制

通过联合科研,教师不仅提升了科研能力,还将最新研究成果及时融入教学,实现了科研与教学的良性互动。以宿迁学院园林专业为例,学院与当地园林企业共建了"园林科技创新中心",围绕园林景观设计、植物栽培技术等方向开展联合科研。2021－2022年度,该中心共承担校企联合科研项目15项,科研经费达到800万元,其中企业投入占比超过60%。校企联合培养机制的建立仍面临诸多挑战。以永州职业技术学院新五丰现代畜牧产业学院为例,在实施过程中发现企业参与积极性不足、教师实践能力提升缓慢等问题。为此,学院通过建立校企利益共享机制,将企业参与人才培养的成效与其享受的政策优惠挂钩,有效提升了企业参与度。同时,学院还建立了教师实践能力考核体系,将企业实践经历作为职称评聘的重要指标,激励教师主动提升实践能力。

4.10　创新校企协同育人机制

校企合作模式的创新是现代产业学院人才培养模式的核心驱动力之一。现代产业学院共建则是校企合作模式的进一步深化、依据现代产业学院育人的价值导向，提升企业主体地位，企业全过程参与实践教学活动。加强职业教育数据治理（数据标准）建设，通过数字化的教学方法、实践教学体系、资源建设、实践教学管理等方面，开展数字化专业和实践教学体系建设，团队成员定期在产业发展、岗位能力和素养、毕业生满意度等方面进行需求调研分析，明确由于产业发展及人工智能、大数据、工业物联网等带来的与本专业相关技术的变化，确定人才培养目标，开发数字化课程，实现产业一专业一课程的专业实践项目群敏捷对接。从而破解产业学院专业实践教学与产业发展的适应性和灵活性不足的问题[60]。

国内不少产业学院创新与实践了校企合作机制，如以企业为主导的华为 ICT 学院激发了企业主体活力，明晰校企双方权责，规范工作流程，注重合作的全面性和系统性，校企协同推进各项工作；徐州工业职业技术学院与浙江吉利汽车有限公司共建产业学院，建设了“校中厂”“厂中校”校内外实训基地；东莞理工学院产业学院通过持续完善共建共管治理结构，强化协同育人成果共享机制等等。以湖南中医药大学与康美药业共建的“创新中药现代产业学院”为例，该学院通过校企共同制定人才培养方案、共建课程体系和实践基地，实现了教育链与产业链的深度融合[71]。

4.10.1　建设校企协同育人平台

校企协同育人平台的搭建是现代产业学院实现产教深度融合的重要抓手[72]。以重庆城市管理职业学院现代物流管理专业群为例，该学院与京东物流、顺丰速运等龙头企业共建产业学院，通过搭建

"1+N"协同育人平台，实现了企业资源与教育资源的有效整合。平台以1个核心数据中心为支撑，连接N个企业实践基地，形成了"数据共享、资源互通、人才共育"的协同机制。通过"双导师制"培养模式，企业导师与校内教师共同指导学生完成真实项目，使学生在校期间就能掌握行业前沿技术。

在功能实现方面，协同育人平台通过模块化设计满足了不同主体的需求。以宿迁学院园林专业为例，平台设置了"实习实训、就业指导、创新创业"三大功能模块，每个模块都配备了相应的资源支持系统。实习实训模块与当地园林企业合作，建立了"校中厂、厂中校"的实践教学模式；就业指导模块引入企业HR参与课程设计，开设职业素养训练营；创新创业模块则通过举办行业论坛、创业大赛等活动，激发学生的创新潜能。

从运行机制来看，协同育人平台的成功关键在于建立了多方共赢的利益分配机制。以永州职业技术学院新五丰现代畜牧产业学院为例，平台通过"资源入股、利益共享"的方式，调动了企业参与的积极性。企业不仅提供实践岗位和技术支持，还参与人才培养方案制定和课程开发；学校则通过平台为企业输送高素质人才，并提供技术研发支持；政府通过政策扶持和资金投入，为平台运行提供保障。这种多方协同的机制确保了平台的可持续发展[73]。

在技术支持方面，协同育人平台充分利用了现代信息技术。以广西警察学院公安大数据现代产业学院为例，平台构建了"云+端"的智能化管理系统，实现了校企资源的实时共享和动态调配。通过大数据分析，平台能够精准匹配学生的实习需求和企业的用人需求；通过虚拟仿真技术，学生可以在平台上进行沉浸式实训，提升实践能力。数据显示，该平台运行一年来，学生实践能力考核优秀率提升了25%。

协同育人平台的搭建还需要注重文化融合。以岭南师范学院"双碳"电力与智能家电产业学院为例，平台通过举办企业文化周、行业专家讲座等活动，促进了校企文化的深度融合。这种文化融合不仅增强了学生的职业认同感，也为企业培养了具有共同价值观的人才。数据显示，通过平台培养的学生，企业满意度达到了95%以上。

在平台建设过程中，还需要注重可持续发展。以井冈山大学新材料现代产业学院为例，平台通过建立“政府引导、企业主导、学校主体”的运行机制，确保了平台的长期稳定运行。同时，平台还建立了资源共享机制，通过收取合理的使用费用，实现了平台的自我造血功能。这种可持续发展模式为其他产业学院提供了有益借鉴[74]。

协同育人平台的搭建还需要注重区域特色。以恩施学院为例，平台结合当地特色产业，开发了具有地方特色的课程体系和实践项目。这种区域特色不仅增强了平台的竞争力，也为地方经济发展提供了人才支撑[75]。

4.10.2　构建校企协同育人评价体系

校企协同育人评价体系的构建是确保现代产业学院人才培养模式有效运行的关键环节。评价体系的设计需要从学生能力提升、企业满意度和社会效益三个维度展开，通过多维度的综合评价，能够全面反映校企协同育人的实际效果。以某高校现代产业学院为例，该学院在评价体系中引入了学生能力提升的量化指标，包括专业知识掌握度、实践技能水平和创新能力表现。通过对 2022 届毕业生的跟踪调查，数据显示参与校企协同育人项目的学生在就业率上比传统培养模式高出 15%，且对口就业率提升了 20%。这些数据表明，校企协同育人模式在提升学生能力方面具有显著优势。

企业满意度是评价体系的重要组成部分。某汽车制造企业与现代产业学院合作开展的“订单式培养”项目中，企业对毕业生的满意度达到 92%，远高于传统招聘渠道的 75%。企业反馈显示，学生在项目实践中表现出的职业素养和专业技能能够直接满足岗位需求，减少了企业的培训成本和时间。企业还通过参与课程设计和教学评价，进一步优化了人才培养方案，形成了良性互动机制。这种深度合作不仅提升了企业的满意度，也为学院提供了持续改进的依据。

社会效益是评价校企协同育人效果的另一个重要维度。以某现代产业学院与地方政府合作的新能源产业项目为例，该项目通过培养新能源领域的高素质人才，推动了地方产业的转型升级。据统计，该项目实施三年内，地方新能源产业的产值增长了30%，新增就业岗位超过500个。这种社会效益不仅体现在经济效益上，还体现在对区域创新能力的提升和产业生态的优化上。通过评价体系的反馈，学院能够及时调整人才培养策略，确保其与区域经济发展需求高度契合[76]。

在评价体系的构建过程中，数据的科学性和全面性至关重要。某现代产业学院通过引入大数据分析技术，对学生的实践表现、企业反馈和社会影响进行实时监测和分析。学院利用学习管理系统(LMS)记录学生在企业实习中的表现，结合企业导师的评价，形成多维度的能力评估报告。这种数据驱动的评价方式不仅提高了评价的客观性，还为学院提供了精准的改进方向。

评价体系的动态调整机制也是确保其长期有效运行的关键。某现代产业学院通过定期召开校企联席会议，对评价结果进行深入分析，并根据反馈意见及时调整培养方案。在某次联席会议上，企业提出学生对某一新兴技术的掌握不足，学院随即调整了相关课程内容，并在下一学期增加了该技术的实践教学模块。这种动态调整机制不仅增强了评价体系的灵活性，还确保了人才培养模式能够紧跟产业发展的步伐。

校企协同育人评价体系的构建还需要注重评价结果的反馈与应用。某现代产业学院通过建立评价结果共享平台，将学生能力提升、企业满意度和社会效益的数据实时反馈给相关方。学院将学生的实践表现数据与企业共享，帮助企业更好地了解学生的能力特点，从而优化招聘和培训策略。同时，学院还将社会效益数据与地方政府共享，为政策制定提供科学依据。这种反馈机制不仅增强了评价体系的透明度，还促进了各方资源的有效整合。

校企协同育人评价体系的构建是一个系统性工程，需要从学生能力提升、企业满意度和社会效益三个维度进行综合评价。通过科学的数据分析和动态调整机制，评价体系能够为现代产业学院的人才培养模式提供持续优化的依据，确保其长期有效运行。

4.11　数字化赋能产业学院治理

4.11.1　数字化赋能产业学院治理

数字化转型已成为职业教育领域高质量发展的关键契机。产业学院作为产教融合的新型办学模式，其治理数字化转型不仅是提升职业教育质量的重要手段，也是实现人才培养与产业发展精准对接的关键路径。国内学者祁占勇等(2024)指出，数字化转型通过技术赋能推动职业教育质量提升，尤其在产教融合背景下，数字化转型为职业教育提供了新的治理模式和运行机制[44]。包之明(2024)通过对高职院校"岗、课、赛、证、训、创"六位一体人才培养模式的研究，进一步强调了数字化转型在产业学院治理中的应用潜力[34]。聂挺等(2024)从产教融合组织形态的演变轨迹出发，探讨了产业学院治理结构的创新路径，指出数字化转型能够有效解决传统治理模式中的结构松散化和功能粗放化问题[42]。邓文勇等(2023)则从数字治理的角度，分析了职业教育高质量发展中的数字治理框架和逻辑，强调了数据治理技术在优化治理过程中的重要作用[48]。然而，现有研究多集中于宏观框架，缺乏对产业学院治理数字化转型的具体实践路径的深入探讨，尤其在数据隐私保护和多元主体协同治理方面的研究较为有限。基于此，本书旨在深入分析产业学院治理数字化转型的现实困境，阐释其内在逻辑，并提出具体的实践路径，以期为产业学院治理的数字化转型提供理论支持和实践指导。

4.11.1　数字化赋能产业学院治理的内在逻辑

1. 数字平台治理支撑产业学院治理结构完善

数字平台作为产业学院治理数字化转型的基础[60]，其核心在于构建一个多边互动的平台结构与虚拟的数字空间载体，为多方利益相关者提供了一个协同合作的生态治理框架[77]。产业学院将教师、企业代表、学生和家长等多元主体汇聚于数字平台,可以打破时空和地域,形成治理共同体[76]。

数字化技术提高了治理的包容性、互动性和效率[78],为构建治理共同体,创建灵活高效、协同发展的生态治理体系奠定了坚实基础[79]。数字平台不仅为产业学院的治理共同体提供了一个虚实融合的治理场域,还促进了横、纵向不同职能部门及跨场域的交流、协作、发展,提升了治理成效。产业学院赋予治理共同体参与治理的不同权力,形成了一个多元共治的结构,构建了一个分布式的治理新格局。数字平台的底层逻辑是治理共同体的价值共创,数字平台价值共创主要体现在其开放共享的特性上,意味着产业学院鼓励治理共同体共建、共享和应用资源,以加快资源的流动和提升应用价值,从而激发了多元主体参与治理的意愿及为价值共创打下良好基础。在治理过程中,平台数据的积累和分析为治理活动提供了决策支持,使得治理更加透明、精准和高效。通过持续的数据反馈和智能分析,治理共同体能够及时调整和优化治理策略,确保治理活动始终与产业学院的发展目标和利益相关方的需求保持一致,为产业学院的持续改进和创新发展提供了坚实的基础。

2. 数据治理技术优化产业学院治理过程

数据是数字空间的基本构成单位,是实现产业学院治理数字化转型的核心要素,是连接一切的核心。互联网将计算机设备连接起来,物联网将物理空间各种元素连接,移动网络将人与人之间通过各类数据应用场景连接。数据治理,作为释放数据价值的先决条件,依赖于统一的数据标准和集中管理,这是确保数据治理有效性的基础。

数据治理技术依据既定标准构建数字空间,通过数据的采集、存储、分析和反馈,优化产业学院的治理流程。在这一过程中,数据治理不仅仅是对"全样本数据"的管理,它本质上是构建一个由"数据驱动"的决策模型[40]。利用大数据、云计算等技术,可以对国家政策、产业发展和职业教育现状等关键信息进行深入挖掘和分析,为治理决策提供科学依据，从而提高决策的准确性和有效性，推动从经验性决策向数据驱动的精准决策转变。例如，通过网络招聘信息和行业企业发展的数据挖掘和分析可了解人才需求情况；再如，通过对学生学习行为数据的分析，可以优化教学方法和课程内容，从而提升教学质量。

此外，数据治理还拓宽了参与决策的群体，增强了决策制定和执行的透明度，确保治理过程与目标的一致性。数据的快速流动和高度透明，一方面加速了职业教育治理主体和资源要素的跨地域、跨时空和跨部门流动，使各方的利益和想法能够迅速反馈至决策层，有助于消除传统治理中的不透明性，解决信息流通的障碍，有效协调不同主体间的利益冲突，增强治理体系的认同感。另一方面，通过在线监控和实时反馈，加强了对治理活动的监督和管理，确保治理过程中的问题能够及时被发现和解决，从而提升了治理的科学性和成效。

3. 智能治理提升产业学院治理效能

智能治理，亦称智脑治理，是一种依托于人工智能、大数据、云计算等前沿数字技术，对产业学院的运作和管理进行深度优化的治理模式。它不仅涵盖了制定个性化和场景化的治理策略，还实现了资源的高效配置、风险的精确防控、服务的便捷提供以及决策的科学化，从而显著提升治理效能。

产业学院治理通过智能化手段，获得精准的数据支持，优化了治理流程，提高了治理的自动化和智能化水平。在智能治理的助力下，产业学院通过数据的收集、分析、交互和反馈，有效打破了信息孤岛，促进了多主体间的沟通与协作，高效配置资源，实现流程自动化，提升了治理决策的质量和效率。而物联网和边缘计算技术的应用[80]，使得教学设施和学习环境的实时监控和管理成为可能，增强了治理的响应速度和灵活性，实现了决策的科学化和精准化，进而提高了人才培养的质量。

智能治理还能智能识别关键问题，精确生成治理方案。首先，丰富的数据是实现职业教育精准决策的基础。传统的信息收集与处理主要依赖人工，不仅成本高，智能技术的运用大幅提升了信息收集的速度、广度、准确度。其次,数据的表现形式可以多样化,如知识图谱技术使智适应、可视化治理成为可能。此外,关键数据的挖掘与识别是实现产业学院精准治理的核心。应用数字技术的算法规则和标准化决策模型,可从海量数据中筛选出关键信息[80],分析其深层次内涵,善于解决复杂、交叉的问题,促进产业学院的精准治理。

综上所述,智能治理通过技术赋能和数据驱动,为产业学院的治理提供了全新的视角和方法,推动了职业教育治理向更高效、更精准、更科学的方向发展。

4.11.3 产业学院治理数字化转型的实践路径

1. 坚持育人为本,促进多主体的公共价值实现

以育人为本,产业学院治理数字化转型的方向应以此为标杆[81]。人才培养是教育的核心任务。当偏离了教育规律和正确的人才培养目标,产业学院的数字化转型会迷失方向,甚至走向舍本逐末的歧途。过度追求智能技术而忽视教育本质,可能导致利益驱动的异化。主要原因包括教育数字化转型的方向偏差,这不仅影响社会认知,还可能导致学生价值观和能力素养的缺失,造成难以挽回的损失。为此,我们必须坚持育人为本的原则,确保治理标准有利于学生的全面发展,培养符合党和国家需要的人才。育人为本的原则明确了产业学院的办学和治理目标,强调公共价值的重要性,这是多方协同育人和可持续发展的基础。产业学院应以实现育人多元主体的公共利益最大化为核心要点。

产业学院的多主体共创了公共价值的实现路径。政府通过制定职业教育数字化规划、数字建设标准和数字素养标准等,推动职业教育的数字化升级。产业学院作为公共价值实现的主要场域,其数字治理涵盖了智慧校园、治理体系、教学体系、课程、教学方法和师生等数字化转型。公共价值还体现在多主体的共识与意愿上,这是协同育人的基础。因此,应重视企业的主体地位,加强产教融合,提升企业参与职业教育办学和治理数字化转型的意愿。这不仅有助于提高

职业教育人才培养与企业需求的适配度，还能显著提升产业学院与产业发展的适应性和灵活性，体现了公共价值的实现。产业学院的数字治理具有开放共享性，构建了公众参与的多元治理结构，有利于解决价值观冲突，协调处理不同主体间的矛盾，促进公共价值的实现。最后，要关注数字能力或素质相对弱的群体，通过培训、协助应用等途径，提升其相关能力，以解决"技术鸿沟"引发的治理公平缺失问题。

综上所述，产业学院的多主体协同育人特征要求治理主体以育人为先，实现共同利益。在多方利益发生冲突时，应以公共利益为重，确保治理数字化转型服务于教育的根本目的——培养全面发展的人才。

2. 以人为主导，数据赋能治理过程

产业学院数字治理代表着一场由数字技术驱动的治理革命。在这一过程中，数据治理面临着隐私保护、数据安全、社会公正等伦理挑战和对技术的过度依赖。对"技术"依赖主要表现有：数字治理通过构建数据平台和系统，将数据以可视化和具象化的形式呈现，增强了信息的易读性，使得人们更习惯于接受图形化的数据展示，而可能忽视了对信息逻辑关系和真实性的独立分析和判断。二是治理工作往往需要处理大量信息，数字治理在这方面展现出其在数据挖掘和分析方面的优势。这种优势可能导致人们过分依赖技术，从而减少了对数据的深入理解和批判性思考。三是智能决策系统能够自主学习并处理大量数据信息，根据预设的治理目标自动生成决策方案。然而，数据的全面性、数量、真实性以及算法的准确性对决策方案的质量有着直接影响，可能会误导治理决策者。过度依赖计算机生成的决策方案，可能会使治理决策过程从传统的"人本主导"转变为"技术主导"[81]。为了提升治理过程的成效，我们需要从两个方面着手：

一方面，要深入剖析技术在产业学院数字治理中的伦理价值。首先，数据治理需要正确的价值引导和伦理规制，尊重数据和数据主体的权利，确保技术开发者和使用者都具备伦理意识，并坚持公平、正义、诚信和责任等伦理原则。其次，要关注技术可能带来的负面影响，如数据隐私泄露等[82]，并制定相应的制度和规范，从道德和法律两个维度构建数据治理的伦理框架。最后，要避免过度依赖技术，确保治理主体的地位和决策能力。

另一方面，彰显产业学院数字治理的"技术"正向作用。首先，数字技术的应用必须与产业学院的教育目标保持一致，坚持价值导向，强调社会责任和多主体的公共利益。技术应支持和服务于教学、研究和创新活动，促进学生的学习和发展，而不是取代或削弱主体的作用。其次，要明确数字技术在产业学院治理中的边界，优化人类决策与算法决策的合理分工。这意味着科学规划数字技术在治理中的作用和应用范围，明确学院管理层、教师团队、学生群体以及行业企业等多元主体，各自在数字治理中的职责与角色，防止过度或无效的数字治理行为。第三，加强数据监管和控制，推动数据共建，厘清数据归属及应用权责，以促进治理公平。数据监管是确保数据安全、促进数据合理利用、保护个人隐私和公共利益的关键。鉴于数据的动态性和多样性，构建一个全面的数据治理框架至关重要，包括组织管理、部门职责、协调机制、安全管控、系统保障、监督检查和数据质量控制等方面。此外，制定数据安全管理制度与标准，依法合规采集和应用数据，保护隐私，划分数据安全等级，明确访问和拷贝权限，监控访问和拷贝行为，完善数据安全技术，并定期审计数据安全[83]，以避免数据伦理问题和违法行为。加强数据分类分级管理，建立数据资产分类分级授权使用规范，合理供给数据资源。同时，建立数据安全预警和应急机制，定期开展数据安全隐患排查工作，对重要数据进行备份，并通过分析与监管技术对数据资产的风险因素进行预警和应急管理方案。最后，关注教学行为的数据共建与治理，发挥产业学院合作办学的主体作用与育人作用，治理共同体共建数字专业、数字课程、数字资源库，应用数字技术分析和治理学习行为，形成师生数字画像，精确辅助治理决策生成[84]，旨在全面提升教学质量。

综上所述，产业学院数字治理应注重价值理性与技术理性，使智能治理获得伦理确证与道德规约，发挥技术应用的正向作用，确保技术与教育目标的一致性，优化决策分工，加强数据监管，以及促进数据共建和治理，以形成良好的职业教育数字化治理生态，彰显产业学院的育人本质。

3. 筑牢主体治理底座，协同建设数字治理平台

在数字化治理的广阔图景中，“主体治理底座”作为基石，稳固支撑着整个治理体系的运作，它涵盖了数据生命周期管理的各个环节——从采集、存储、处理到深度分析，以及支撑这一切的技术架构与政策法规框架[83]，旨在保障数据的安全、合规与高效利用。对于产业学院而言，其数字化转型的“基础设施”无疑聚焦于数字平台，这一平台如同桥梁，拓宽了治理的边界，促进了多元主体间的紧密联动、价值共创与持续增值。

数字平台不仅是技术创新的产物，更是产业学院治理现代化的核心驱动力。它首先为多方参与者铺设了直接对话与合作的快车道，通过构建互动性强、包容性广的治理网络，极大地拓宽了职业教育治理的参与面。在此平台上，数字技术作为关键引擎，促进了治理主体的协同作战，强调系统集成的力量，构建起纵向贯通、横向互联的数字治理生态。此外，数字平台还充当了信息交流的桥梁，使职业院校与企业能够直接对接供需，实现人才培养与市场需求的精准匹配。因此，产业学院应激励治理共同体或外部企业，以多样化的形式（如资金投入、资源共享、技术支持等），构建共建共享智能的数字治理新生态[83]。

为充分发挥数据的价值，需制定与实施数据标准，强化数据采集与整合能力，解决当前存在的信息采集与处理效率低下、主体能力差异大、质量标准不统一等问题。这要求产业学院要深入产业、企业、同类院校，通过实地考察、问卷调查等多种方式，广泛收集并实时更新人才培养岗位需求数据，构建模块化、灵活适应性强的数字平台架构（如智能决策模块、信息管理模块、智能办公模块、人才培养需求模块、教学管理模块、资源模块、实践实训管理模块、就业管理模块等），根据数据关联度设置模块，快速响应不同主体的差异化需求。以教

师和学生的需求为中心，设计直观、易用、互动的平台界面，为治理共同体创造多样化的互动场域情境。同时，落实严格的数据管理和迭代更新制度，确保数据的真实性、完整性和安全性，发挥数据诊断、处理与治理的作用，为各治理主体提供高效、便捷的数据服务。

优化产业学院数字平台的教学内容建设。加强教学资源数字化转型建设，开发和整合高质量的数字教育资源，包括电子教材、在线课程、虚拟实验室、案例研究等，确保内容的时效性和实用性[85]，并利用数据分析来了解用户行为，优化内容推荐算法，提供更加精准的教育资源和学习路径。此外，增强平台的互动性，提供讨论区、协作工具和实时反馈机制，鼓励学生和教师之间的交流与合作。最后，建立有效的评估和反馈机制，定期收集用户反馈，持续改进平台内容和服务质量。从而解决当前产业学院治理功能粗放、教学资源不足等问题。

为了进一步激发数据潜能，还需不断创新平台的数据服务功能，推动数据资源的开放共享。这包括建立标准化的数据使用规则，明确数据流转的各个环节与责任主体，确保数据在合法合规的前提下得到充分应用。同时，通过搭建数据共享机制，鼓励不同治理主体基于共同利益进行数据交换与合作，促进产业学院治理体系的持续优化与升级[79]。最终，一个开放、协同、高效的产业学院数字治理平台将得以实现，为产业学院的可持续发展注入强大动力。

第5章　现代产业学院人才培养模式的实践案例

本书在省内外30所高职学院的人工智能应用技术专业办学及毕业生情况开展调研与分析的基础上，构建了产业学院的多元协同育人模式，以广西机电职业技术学院人工智能产业学院的人工智能应用技术专业为例，开展了“岗、课、证、赛、训、创”六位一体的人才培养模式的研究与实践。

5.1　建设校企协同育人的人工智能产业学院

深化校企协同育人已经成为各职业院校亟待解决的重要问题。为了应对这个问题，各学院开展了研究与实践工作，如南通职业大学聚焦“学习型、服务型、交互型、研究型、质量型”的“五型职大”建设，以深化产教融合、校企合作为主线，深入开展校企双主体育人模式改革与实践[47]。

在2017年，国务院颁布的《新一代人工智能发展规划》中，提出开展校企协同育人，建设人工智能学院。因此，人工智能产业学院的人才培养模式是教育改革的热点，据文献研究与统计，截至2022年4月，已经达到100家，这些都对本研究与实践有着可借鉴价值。

5.1.1　建设人工智能产业学院，构建产教融合的多元协同育人模式

广西机电职业技术学院人工智能产业学院的成立，是为了满足广西新一代信息技术产业的人才培养需求。该学院由人工智能协

会、企业(以区域企业为主导,上中下游企业参与)、高水平高职院校共同组建。学校与企业之间,可成立不同的产业学院。校企双方依据不同的需求签订个性化的合作协议,实施"一企一案"的合作培养模式,定制个性化的人才培养方案[34]。

学院通过加强区域产业、教育、科技资源的统筹和部门之间的协调,创新校企协同育人模式,坚持育人为本,建立人才培养基地和共建共管的组织架构,拓展校企合作深度和广度,赋予教学改革所需的人事权、事权、财权,形成科学高效、产权明晰、意识共同、保障有力的制度体系;学院还运用大数据技术,建设了校企共建开放性的信息管理系统,涵盖了"信息服务、人才管理、实践教学、实习、就业"等领域,实现了数字赋能的协同育人体系管理精准性和科学性,形成有效的闭环、可持续发展的多元协同育人模式,如图 5-1 所示。

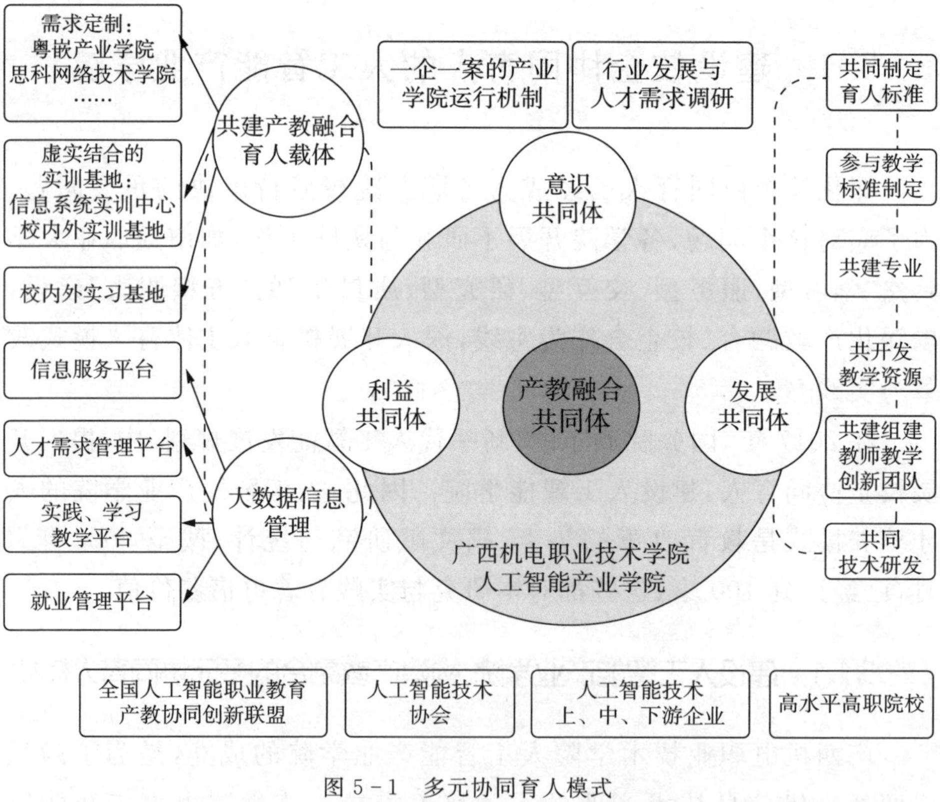

图 5-1 多元协同育人模式

5.1.2　多元协同育人，提升人才培养与产业发展的需求动态耦合

人工智能产业学院的各合作单位围绕着“意识、利益、发展”三个维度达成共识，通过“一企一案”签订了校企合作协议，践行了“共建、共用、共管、共享、共担”的“五共”理念，明确科学合理的人权、事权、财权分配，充分运用人工智能、大数据技术构建产权明晰、保障有力的保障和管理体系，提升实践教学管理的精准性和科学性；依据教学需求，校企双方协商对设备、技术和项目资源进行优化、共建、共享与配置，共同开发教学资源，共建实训基地；在实践教学中，鼓励师生为企业提供工作新思路及方案或者参与到企业的研发和生产中，促进产教融汇，支持产业升级。尤其是当高职院校和国际知名企业院校建立合作关系，专业实践教学还能引入国际教育理念、课程内容和教学方法，促进学生体验不同国家的文化、经济等，以期能更好地适应全球化的市场需求和挑战，为国家经济发展和国际合作做出更大的贡献。

实现围绕专业群建设，如以人工智能技术专业为核心，对接产业链、人才链、教育链、创新链，实现专业与产业同频共振，促进人才培养与产业发展的供求需求动态耦合。为了更好地满足学生的成长需求，学院还需要考虑企业人才需求及高职、应用型本科贯通的人才培养衔接，在满足学生升本科、就业等需求的基础上，通过校企共同制订人才培养标准和教学标准、专业人才培养方案、共同研发教学资源、共同研发技术、共建共享教科研项目、共建教师创新团队等合作路径，为广西人工智能产业链培养了高素质技术技能人才。

5.2　构建与实施“岗课证赛训创”六位一体人才培养模式

目前，国内的人工智能产业学院开设专业是人工智能应用技术专业或以人工智能专业组群组成的多个专业开展研究与实践工作。

广西机电职业技术学院于2021年1月创建人工智能产业学院后，开展了从“岗、课、赛、证、训、创”六位一体人才培养模式的小范围探索，到推广应用到专业群人才培养的历程，经历了研究、构建、实施、反思、优化五个发展阶段。

第一，在人才培养模式构建与实施中，要加强校企协作，对接国家教学标准与行业职业标准，明确专业培养目标和定位，针对人工智能应用开发等岗位工作要求，对接人工智能产业岗位群的岗位能力和素质为核心，结合区域人工智能产业发展需求，面向软件研发、嵌入式、物联网、人工智能、智能制造、高端装备、大数据、云计算、网络安全、移动互联、虚拟现实、电子商务、现代农业、现代交通运输、高效物流等新一代信息技术产业，培养紧缺的学科专业人才。

第二，引入新技术、新规范，确保专业建设与改革方案的科学性和实用性，构建关注学生能力和素养培养的螺旋上升、循序渐进的人才培养模式，如图5-2所示。通过“岗、课、证、赛、训、创”六个要素全方位融合，优化课程体系，培养学生的创新意识、创业能力等，提高学生的就业竞争力和可持续发展的能力与素质，破解毕业生适应区域人工智能技术相关岗位职业能力要求的问题。

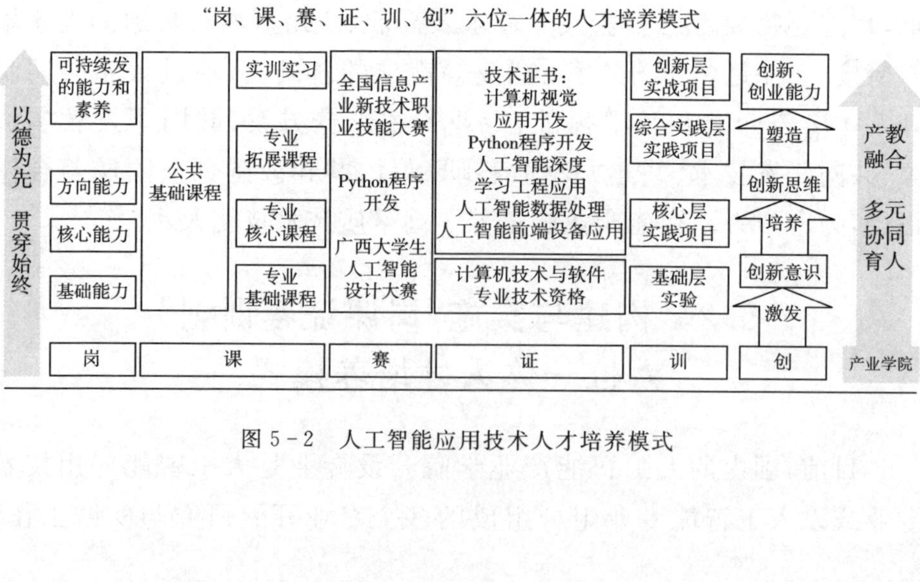

图5-2 人工智能应用技术人才培养模式

5.3　构建与实施人工智能产业学院“一体两翼六融合”的实践教学体系

一体指依托产业学院，以德为先的多元协同育人共同体。两翼是指校企双方打造的实践教学平台，为学生提供丰富的教学资源。实践教学平台分为实体教学平台和数字化云平台。六融合是指“岗、课、赛、证、训、创”六位一体的教学改革。通过分阶段、分场域实施“基础实训、核心实践、综合实践、创新实战”四个阶段的模块化教学，实施“真平台、真岗位、真项目、真实练”的四真实践教学活动，递进提升学生的实践能力和素质，如图 5-3 所示。

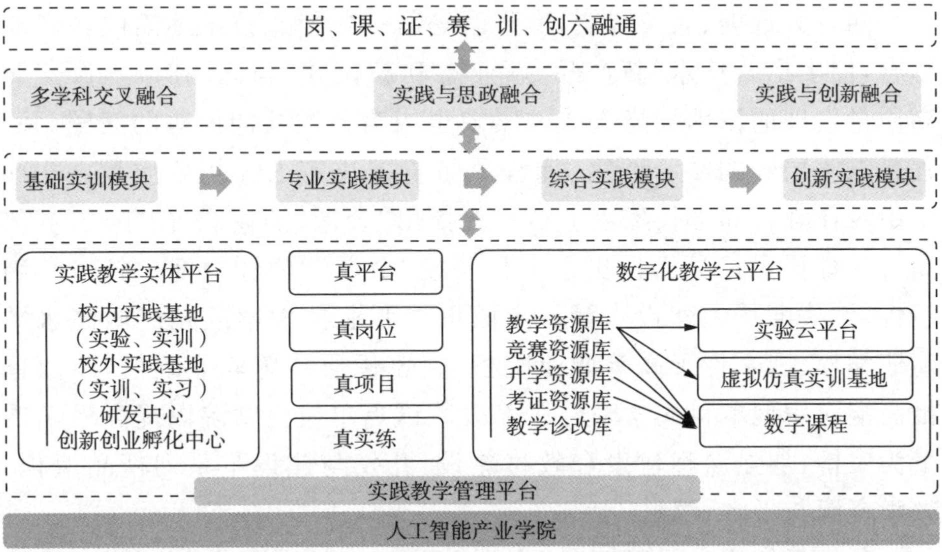

图 5-3　“一体两翼六融合”实践教学体系

5.4　开发“岗课赛证训创”融合课程与教材

5.4.1　模块化重构“岗课赛证训创”融通的课程体系

通过对接“基础、核心、拓展、实训实习”四个阶段，学生递进培养

"基础、核心、方向、可持续发展"的能力和素质。在教学实施过程中，第一学期，在专业课程中融入专业发展、岗位能力与素养要求、职业道德、工作规范与流程、典型工作任务、专业竞赛项目、考证类型及要求等知识，使学生初步建立起对岗位的初步认识，为学生职业生涯规划奠定基础。第二至四学期，学生学习核心知识课程模块和拓展课程模块，课程涉及核心技能，依据课程进程及学生具体情况，参加相应的竞赛和资格考证活动，引入真实的实践实训项目，提升学生的技能与素养。在第五、六学期的综合实践、实习实战项目学习中，实施学徒制管理，校企合作，共同指导学生完成实际工作任务。

5.4.2 重构数智时代下职教"金课"的建设内涵

随着大数据、人工智能、物联网等新一代信息技术逐渐同各产业融合，催生出新技术、新产品、新业态和新模式，与此同时，支撑产业高质量发展的技术技能人才的紧缺也成为各国共同面对的问题。课程是人才培养的核心要素，课程质量直接决定人才培养质量。2018年由时任教育部部长陈宝生第一次提出"金课"的概念，同年，教育部高等教育司司长吴岩提出了本科院校"金课""两性一度(高阶性、创新性、挑战度)"的建设内涵。广西机电职业技术学院是广西高水平高职学校、国家骨干高等职业院校、国家优质高等职业院校、广西首批高端应用型本科人才联合培养改革试点单位。学院以提高教学质量为宗旨，加强课程建设和教材建设，开发与建设了系列精品课程、教学资源与平台、教材。

项目组借鉴本科新工科"金课"理念，剖析了职教"金课"建设的内涵。创新提出了职教"金课"的高阶性、创新性和挑战度，增强职业教育适应性。其中，高阶性指解决问题的综合能力，具有数智素养与产业发展的适应性；创新性指课程内容思政融入、"岗、课、证、赛、训"创融通，适度对接"四新"，培养创新、创业思维；挑战度是指课程要依据职教学生发展阶段、数智化、中高本贯通等学习需求，合理提升难度，如图 5 - 4 所示。

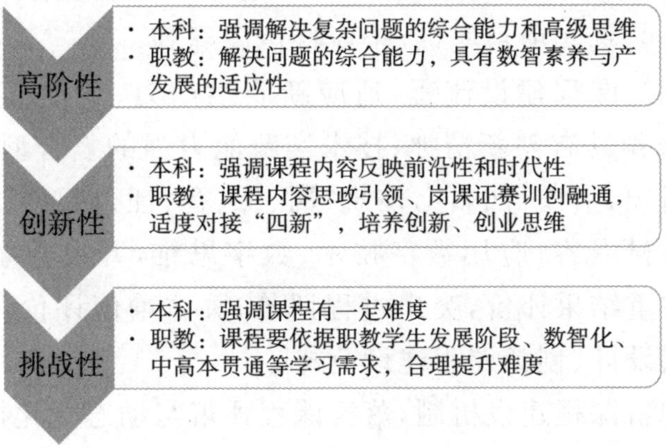

图 5－4　职教金课内涵

5.4.3　重构“岗课赛证训创”融通的课程

第一，学院通过建设技术标准一岗位标准一教学标准一课程标准的标准链，引入真实的工作项目（任务），对接产业链。这不仅促进了教育内容与企业实践的紧密结合，也提高了课程的实用性和前瞻性，能以学生为中心，突出学生实践能力和创新能力的培养，为学生提供了与未来职场无缝对接的知识与技能，有效提升了学校办学能力和学生的就业竞争力。

第二，院校、企业、出版社多方协同合作，组建名师＋技能大师引领的中青年结合的高水平教材开发团队，以提升课程开发质量。课程负责人选用具有较强的科研能力、较高的课程建设能力和丰富的课程教学经验，同时在业界还要有一定影响力的教师。

第三，课程思政开发与应用。课程内容有机融入“红色文化、机电校园文化、企业文化、数字素养、工匠素质、创新思维”等思政元素，实现课程思政与专业课程教学同向同行。

第四，“岗、课、赛、证、训、创”六要素解构与重组，融入教学化工作项目，重构课程内容。校企协同通过开发课程标准、重构课程内容、重组课程结构、改革课程活动方式等课程改革途径，将“工作岗位、专业课程、技能竞赛、资格认证、实践实训、创新创业”融入课程内容、产教融合的真实项目实训、企业特色课程等。

第五,规范课程建设流程:适应新质生产力、学生个性发展的新需求,确立培养具有创新精神、技术实践能力强的复合型人才培养新目标;标准引领,引入“四新”,体现“岗、课、赛、证、训、创”融通和教法改革,更新教材内容;应用数字技术、数字思维,开发数字资源,丰富学习场景;注重结果评价,突出过程评价,关注增值评价,促进学生发展;加强顶层设计、创新课程建设范式。

第六,创新课程建设机制,落实课程评审与动态优化机制。

学院构建全面激励的课程建设新机制。以课程建设负责人制,落实课程团队组建与课程开发、运行实施、评价、更新等全过程的检查与反馈,在数字驱动下,及时分析学生学习进度,实施三级反馈机制,动态重塑课程内容。

5.4.4 开发新形态教材

基于“岗、课、赛、证、训、创”的课程内容重构与教材内容重构方法一样,在这就不一一阐述。以下侧重阐述教材结构开发策略,并以教材《图形图像处理 Coreldraw》为例。

1. 构建系统化思政教育体系,专业教学与思政教育同向同行

教材有机融入党的二十大精神,确保正确的政治方向和价值导向,全面落实课程思政要求,秉承“溶盐于水、润物无声”的原则,结合学科特点、学科核心素养与课程目标,在模块化各“应用场景”和考核评价等环节中,形成全过程教材育人路径:系统化设计思政教育要素→精准和恰当地融入思政教育→构建含思政教育的评价体系。

2. 重构教材内容,提升教材与产业升级的契合度

为了开发能承载传承创新技术技能、服务新质生产力发展、促进就业创业的职业教育教材,教材编写团队对接产业发展要求和行业、企业的新技术、新工艺、新流程、新规范。基于“岗、课、赛、证、训、创”

六融通，开发与及时更新教材内容，创作符合技术技能人才成长规律的优质教材，从而促进人才培养质量提升，提升教材与产业升级的适应性和契合度。

3. 创新教材形态，开发适应专业教学的新形态教材

基于企业项目和工作任务要求，编写团队依据专业课程特色与特点，选择适合的教材形态，开发工作手册式、活页式教材、数字化的融媒体教材；坚持面向实践，强化能力，根据职业岗位典型工作任务和职业能力分析，设计教学内容、开发教材及学习资源；坚持工学结合、理实一体，基于行动逻辑，采用项目式、情境式、模块化方式编写教材，有力促进学生职业行动能力和创新能力的培养。

4. 开发适应数智化时代的教学资源，助推育人方式变革

适应“互联网＋职业教育”发展需求，应用人工智能、虚拟现实、知识图谱、数字人等技术，开发数字教材或教材数字化资源。依托开放性、综合性教学平台，提供多种媒体形式的“立体化”教学资源，丰富了学习场景；构建人人皆学、处处能学、时时可学的高质量学习模式；支持智适应、个性化学习，在提高学习效率的同时，实现快速迭代，打造职业教育“金教材”。

5. 加强教材应用反馈与更新机制建设

遵循教材开发理论与“岗、课、赛、证、训、创”融通理论，通过三级教学反馈，确保教材应用成效评价的针对性和准确性，如图 5 - 5 所示。

6. 案例分析

《图形图像处理(CorelDRAW 2021)(第 2 版)》对接纸媒平面设计师岗位的矢量图形图像处理能力和素质要求，对接平面设计师证书考证标准和学生视觉传达设计技能竞赛要求，将图形图像处理软件功能与应用分为“基础知识、几何图形绘制、曲线绘制、对象编辑、矢量图形效果、图文混排、位图效果调整、位图应用、综合应用”等模

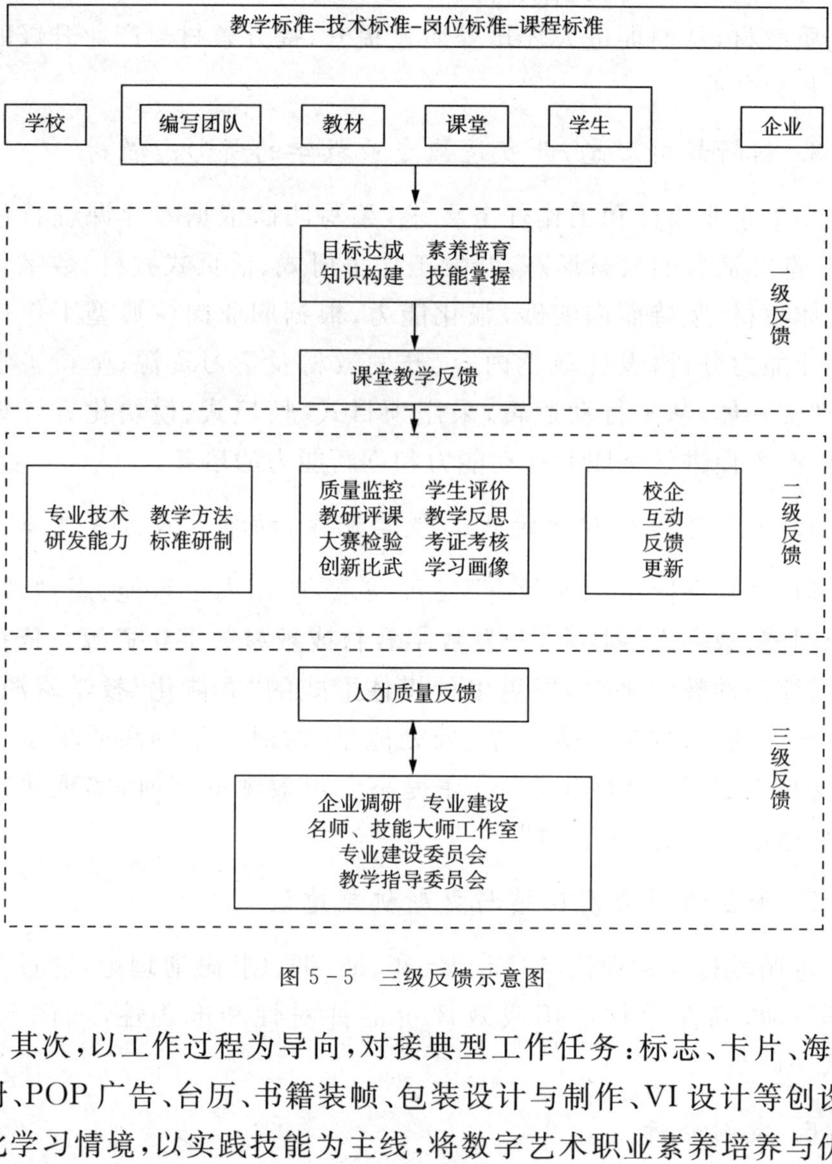

图 5-5 三级反馈示意图

块。其次,以工作过程为导向,对接典型工作任务:标志、卡片、海报、画册、POP 广告、台历、书籍装帧、包装设计与制作、VI 设计等创设任务化学习情境,以实践技能为主线,将数字艺术职业素养培养与优秀传统文化传承与创新等思政教育循序渐进并系统化地融入每个教学任务中,重构了课程内容,创作出促进基础→核心→综合→创新能力和素养递阶增长的数字化教材。最后,为了适应教育数字化时代的教学需求,采取纸质教材嵌入二维码的方式,为每个任务配套教学视频。同时,建设了配套的在线数字课程,建设了考核标准、章节测试、考试题库、拓展练习库、研讨区等丰富教学资源形式和类型，以促进教学质量提升。教材在应用过程中，还对接新技术和新工艺定期更新内容，于 2023 年出版的第 2 版教材，通过教育部的“十四五”职业教育国家规划教材备案认定，如图 5-5 所示。在教材继续建设中，其获得众多师生的好评。

图 5-5　教材样例

总之，新形态教材的开发关键在于内在形态模式的革新。新形态教材的内涵与本质是组织结构、内容重构、数字化和学习模式等内在形态的创新与实践。以教材结构与内容、思政融入、“岗、课、赛、证、训、创”融通、数字资源建设等为教材开发的切入点，选择正确的教材模式，设计结构与内容，构建系统化思政教育体系，建设多元化数字资源等教材开发策略。随着教育数字化转型发展，继续探索职业教育教材的开发与建设仍是提升教学质量的关键要素。

5.5 实施“三融四真四阶”教学模式改革

依托产业学院平台分阶段、分场域，以工学结合、双元培育为切入点和突破口，有机融入“岗、课、赛、证、训、创”六个元素，对教学的内容、组织形式、评价等方面进行深层次的教学改革，具体如下：一是将生产标准、技术流程等与教学改革相结合；二是将企业典型工作任务转换为模块化、项目教学化的课程内容；三是创设真实的工作情境；引入人工智能或元宇宙等新技术，开发具有开放性的线上线下、虚实结合的教学资源，开展大数据分析下的教学资源应用与评价改革；四是用好“第二课堂”，引入行业组织中的专业技能竞赛，以竞赛为导向变革课堂教学模式，通过校企联系举办学生技能竞赛或者将竞赛项目和“1＋X”考证项目教学化，使竞赛项目的内容设计和竞赛方式融入教学设计与实践中，实现理论知识与实践技能的融合；五是联合行业组织、企业和高校等主体，搭建高职生创新创业平台，促进课程教学模式和人才评价方法创新，培养学生创新意识和精神，实现学创融合。六是学生通过“真平台、真岗位、真项目、真实练”的四真实践，培养“基础能力、专业实践能力、综合实践能力、创新实践能力”的四阶段递进的职业能力，如图 5－6 所示。

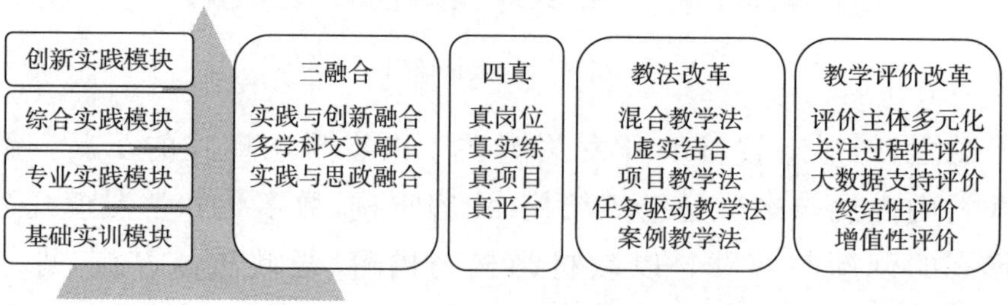

图 5－6 “三融四真四阶”教学模式改革示意图

为了提升教学质量，产业学院还要开展形式多样的教学策略与路径的探索与实践，可以通过“工匠坊”“学徒班”“创客班”“竞赛组”

“师生团队”“创新团队”“对外交流”等多样的课内外学习形式，拓展学生知识面，提升实践能力和创新思维。

5.6　实施多元化人才培养质量保障与评价

目前，人工智能产业学院的质量保障与育人评价仍处于探索阶段，主要问题是学生全面发展不足、评价内容、方式比较单一和协同育人的主体之间的合作评价不足等。其主要表现在依赖于学习成绩，忽视了学生的个性差异和发展潜力，没有充分发挥评价的激励和引导作用；评价主体常分为辅导员评价德育方面，教师评价教学，而企业技术员参与育人评价的积极性与重视度不足。多元化教育质量保障与评价改革策略如下：

第一，建立现代产业学院专业人才培养质量保障机制，健全专业教学质量监控管理制度，完善教学管理机制，加强日常教学组织运行与管理，定期开展课程建设、日常教学、人才培养质量的诊断与改进，建立健全巡课、听课、评教、评学等制度，建立与企业联动的实践教学环节督导制度，严明教学纪律，强化教学组织功能，定期开展公开课、示范课等教研活动。

第二，建立多元化的评价体系。评价主体包括高职学校、企业、学生，可以灵活应用项目评价、教师评价、企业评价、自我评价、社会评价等多种方式，更加全面、准确地评价学生的表现。

第三，改进结果评价，强化过程评价，探索增值评价。采取理论考核与实践考核相结合、过程性考核与结果性考核相结合、学生职业规划考核与增值性评价相结合的方法，充分发挥职业教育评价的导向作用，及时公开评价相关信息，促进高职人工智能应用技术专业学生的全面发展。

第四，接受教育督导和社会监督，健全综合评价。完善人才培养方案、课程标准、课堂评价、实验教学、实习实训、毕业设计以及资源建设等质量标准建设，通过教学实施、过程监控、质量评价和持续改进，达到人才培养规格要求。

第五，现代产业学院专业教研组织应建立集中备课制度，定期召开教学研讨会议，利用评价分析结果有效改进专业教学，持续提高人才培养质量。

第六，学校应建立毕业生跟踪反馈机制及社会评价机制，并对生源情况、职业道德、技术技能水平、就业质量等进行分析，定期评价人才培养质量和培养目标达成情况。

第七，接受职业技能比赛成果或职业培训取得的职业技能等级证书、培训证书等学习成果，经职业学校认定，可以转换为相应的学历教育学分；达到相应职业学校学业要求的，可以取得相应的学业证书。

5.7 创新混合式课堂教学模式与评价考核

1. 混合式课堂教学模式

基于 OBE 教育理论的混合式课堂教学如图 5－7 所示，采用了工学结合、任务主线、成果导向、思政融入的教学策略，引入人工智能、知识图谱、数据分析、AI 智能助手等数智化技术，采取混合式教学法，开展课堂教学，学生依托纸质教材和数字课程应用，遵循学习规律，实现“基础知识与能力、技能强化的专业能力、实践创新的综合能力”

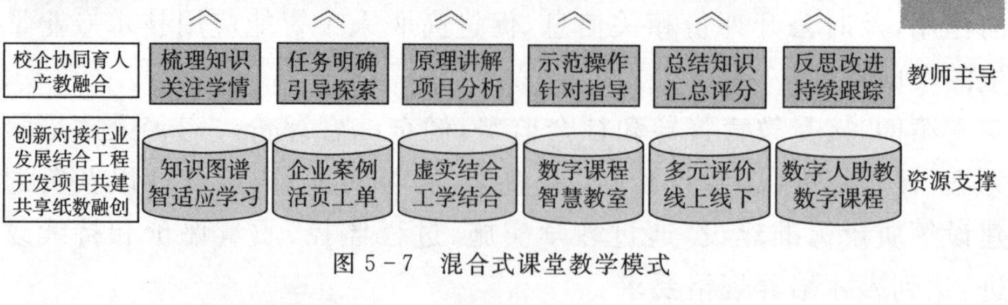

图 5－7　混合式课堂教学模式

三阶能力的递进提升，提高教学质量。打造了具有“两性一度（高阶性、创新性、挑战度）”的混合式课堂教学模式。

2. 混合式课堂教学的“多元动态、增值评价”的考核方式

评价主体包括教师、企业导师、学生、客户，课前诊断学生基础水平评价占 10%；课中过程评价占 60%；课后结果评价占 20%；最后综合诊断评价、过程评价、结果评价三项分值按比例形成综合分，将学生在每个任务中的知识增值、技能强化和素养提升进行纵向对比，给出学习增值评分，增值评价占 10%。评价更关注学生学习的全过程和综合能力提升，如图 5－8 所示。

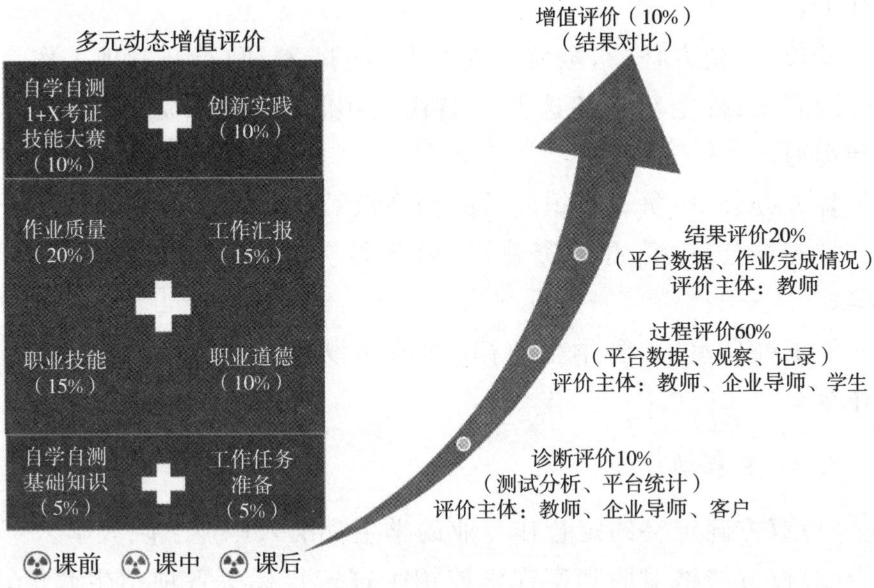

图 5－8　产教融合混合式课堂教学考核方式

5.8　分析人工智能产业学院的案例成效与经验

以下以广西机电职业技术学院与粤嵌科技有限公司合作的人工智能产业学院为例，阐述人工智能产业学院的校企协同育人建设及其成效。

5.8.1 建设产教融合的人工智能产业学院

1. 组织架构

校企双方共同成立人工智能技术产业学院，初步确定将约定的专业作为产业学院共建专业，双方后期可协商将校方开设的其他相关专业逐步纳入产业学院。产业学院设在学校内，学生学习环境由学校分配，校内教学场所和在粤嵌公司内建设的实践基地共同构成，产业学院实行院长负责制，隶属校方管理，校企双方选派代表组成领导班子直接参与产业学院的建设和人才培养的全过程，领导班子构成如下：

院长：由校方任命，全面负责人事、教学、科研、行政管理工作。

副院长：校企双方各选派一名代表担任，负责学院事务执行、协调与沟通。

院务办公室：负责组织院长办公会议召开、行政事务开展等。

教务办公室：负责师资建设、教学教务、实践条件建设、招生宣传等。

学工办公室：主管学生纪律、学风建设及思想教育、实习与就业工作等。

2. 学生来源

(1)双方确定将约定合作专业的学生都纳入产业学院教学。

(2)校方严格对照和遵守学校招生宣传指标等各项招生政策，每年5月，双方共同商讨及制定产业学院各专业招生标准，校方遵照产业学院招生标准分配招生计划，保障产业学院的发展规模。

(3)人工智能产业学院基于真实项目案例打造办学特色，以厚基础＋专业方向能力模块设计人培方案作为办学亮点，与校方共同开展招生宣传吸引优质生源。

(4)人工智能产业学院在具体负责产业学院招生宣传工作的组织、实施过程中，必须遵守相关招生纪律，维护学校的整体招生品牌形象，主动接受校方领导的监督管理。

(5)所有报读产业学院相关专业的学生，应本着自愿选择的原则，在新生报到的过程中，申请转入其他专业的新生，校企双方应尊重学生意愿为其办理相关手续。

3. 人工智能产业学院场所配备

场地主要用于开展广州人工智能产业学院通信科技股份有限公司与广西机电职业技术学院的产业学院项目，教室原则上安排 60 人/间。校企双方人员及产业学院师生须遵守产业学院相关管理制度，并保证不影响师生的正常作息。人工智能产业学院派驻相应的管理人员和教学人员驻场进行日常管理与教学工作的开展，相关管理工作将遵从广西机电职业技术学院的相关规定以及甲方与广西机电职业技术学院签订的协议进行。

4. 人才培养方案修订

(1)每年 3 月，人工智能产业学院根据行业发展趋势与专业热点方向，有目的地组织专业建设指导委员会成员走访合作企业及用人单位，采集企业用人需求、岗位职责等相关数据，提出专业方面、课程设置调整的建议，形成专业人才需求调查报告和人才培养方案调整。

(2)校方严格对照学校教学任务标准，切实安排好公共基础课等课程计划，人工智能产业学院围绕人才培养目标按照厚基础＋X 能力模块的原则，以能力模块为单位设计课程体系。

(3)每年 5 月，双方遵从厚基础＋X 能力模块的人才培养方案设计指导思想，结合确定的专业人才培养目标进行人才培方案的修订，并组织召开专业建设指导委员会专题会议审议。

5. 教学实施工作

产业学院相关专业的教学任务由校企双方共同承担，具体分工由双方根据人才培养需求另行约定。产业学院采取“1＋1＋1”的合作培养模式：

(1)学生第 1 学年在学校就读，校方负责组织教学及管理等日常工作。

(2)第 2 学年,学生在人工智能产业学院的实训基地(校外)学习,人工智能产业学院选派工程师以集中时间段的形式完成约定学时的专业课程教学任务;人才培养方案中,除人工智能产业学院所承担的课程之外的所有课程均由校方承担。

(3)第 3 学年,人工智能产业学院负责学生的跟岗实习、顶岗实习以及就业,并且实习和就业率不低于 95%。

(4)教学项目以成果为导向,注重学生对实际项目的构思、设计、实施、运行,以任务引导项目驱动的方式,推动育人目标的实现。

6. 教学资源建设

校企双方共同参与教学资源的建设工作包括课程标准制订、教材建设、实践条件建设与信息化教学管理平台建设等几个方面。

7. 师资队伍建设

一是教师的角色从"教书匠"转变成"大学教师＋准工程师"的角色,要求教师必须具备优秀的工程实践能力,必须能够设计出相应的项目,必须做到在学生的思维习惯中建立构思、设计、实施、运行的基本框架,切实提升学生解决工程实际问题的能力;必须了解本专业学生毕业后的主要就业工作岗位,熟悉这些岗位的主要工作内容、流程及所需知识、能力和素质;必须具备特定岗位群的技术技能,具有较强的实践动手能力。

二是完善师资队伍的评价与保障机制。产业学院领导班子要从教学方法、课堂组织、教学效果等是否联系工程实践,以及相关各方面进行量化评分,以此督促授课教师探索更加灵活、开放的教学模式,有针对性地结合企业的实际案例改进教学内容和方法,采用信息化教学手段、虚拟现实技术使教学更加体现工程意境。建立健全"双师"型、"双创"型教师成长的保障机制,加强与社会企事业单位的横向联系,引入校外横向课题及真实项目合作内容,为产业学院师资队伍提供科研平台和"双师"条件。

三是加强校内培训工作，挑选有优势、有专长的老教师担任指导教师，组织观摩教学或通过以老带新、新老教师之间互相切磋共同提高等方式，开展专业教师的技能培训。

四是鼓励教师与企业联合进行项目开发及科研项目申报。选拔专业理论基础好、潜力大、学风正的教师到企业生产一线锻炼学习。

8. 学工管理建设

(1)人工智能产业学院对学生管理工作的开展须遵照校方学生管理工作的整体规划及相关管理条例。

(2)人工智能产业学院为校方提供学生工作个性化服务。

(3)人工智能产业学院组织大型学生活动须制定相应方案并得到校方学工处同意后方可开展，并由学校统筹安排。

9. 校园文化建设

(1)校企双方应注重创建校企合作管理文化，凸显校企合作独特魅力，人工智能产业学院要在符合学校相关管理条例下积极参与学校各项大型活动，如校运会、大型供需招聘会、迎新等各类活动，充分利用一切机会，彰显校企合作共建专业的优势。

(2)人工智能产业学院应在符合学校相关管理条例下，根据学生在校时间的差异，有侧重地定期开展各种特色活动。如一年级学生开展职业生涯规划教育和职业综合素质训练；二年级学生开展技能比武；三年级学生开展就业创业项目培育等。

(3)在符合学校相关管理条例的前提下，创建“创先争优”氛围，彰显校企合作办学特色。

10. 社会服务建设

建立和完善专业教师紧密联系企业的策略，搭建产学研结合的技术推广服务平台，主动面向行业企业开展技术服务、成果转化，搭建多样化学习平台，主动面向相关行业企业开展企业员工和行业从业人员的新技术、新知识培训和学历提升；主动面向社区开展服务、共享教育资源，成为当地继续教育、文化传播的使者。

11. 制度建设

为了确保产业学院的顺利运行，校企双方共同参与管理，并制定了一系列的制度。这些制度包括协同管理方案、职责分工、合作模式、教学内容、教师选聘与培训、教师考核、学生考核、教学日志管理、教育考核、疫情防控以及产业学院业绩考核等方面的内容。这些制度的建立为产业学院提供了科学和规范的建设和管理基础，有助于提高教学质量和学生的综合素质。

5.8.2 产教融合的协同育人路径

产教融合的教学改革以专业建设为核心，为了扎实推进产教融合的协同育人成效，校企双方以七个路径开展教学改革，取得可借鉴的改革经验。

一是校企合作培养共同制订人工智能应用技术的人才培养方案和教学标准、共同开发课程标准、教学资源、共同实施教学与评价标准。

二是实施“双师教学、双线训练、双重评价”。其中，“双师”指学校教师和企业技术员（兼职教师），“双线”指理论和实践，“双重评价”是指学校方和企业双方都依据评价标准给予多元化评价。

三是实现“育训并举、产学研践”一体化，通过推进以课程为重点的“三教”改革，校企双方制订课程标准，共同研发教材，共同开展课题研究，共同推进企业真实案例进课堂、典型项目进实训、生产环境育人才，提升教学质量。

四是校企协同，开发课程与资源。开设企业特色微课程，比如“创新创业”“人工智能应用技术专业和大数据专业的就业指导”等，校企共开发了“深度学习”“人工智能框架应用”等七门线上课程，把职业素养和比赛内容融入教学中，实现了校企优势互补。

五是协同开展校内外的学生技能竞赛培训、创新创业大赛等教学活动，举办企业杯校级竞赛两项，提升学生综合实战能力和创新能力。

六是校企双方互聘,开展校企导师联合授课、联合技术攻关、联合社会培训等业务。学院鼓励教师参与行业实践和企业合作项目,增强他们的实践经验和行业背景,以更好地指导学生进行产教融合教学。同时,人工智能应用技术专业是新开设专业,产业学院的产教融合师资队伍建设,大大提升了师资实力,为提升人才培养质量打下良好基础。

七是产研一体,优化整合产业学院的校企科技资源,共同申报课题和项目,将研究成果及时引入教学过程,校企协同以创新创业项目为载体,开展项目攻关、成果转化与孵化等工作。

经济改革取得了一定成效:一是增强了学生的职业意识和技能,提高他们的学习积极性,提高就业率和企业满意度。二是有利于学生对最新的技术和知识的了解和掌握;三是提高学生的创新能力和可持续发展能力,从而服务广西区域数字化经济的发展和数字赋能乡村振兴。

5.8.3 教学成果成效分析

以人工智能技术产业学院的人工智能应用技术和大数据技术专业为试点运行一年后,向人工智能技术专业群及校内其他专业进行推广应用。

1. 人才培养质量显著提升

课堂教学效率提高了,把40分钟的课堂变成了“40+”的课堂,学生的课堂参与度、满意度提高了,课堂教学质量显著提高,学生的实践能力、创新能力和就业竞争力的提升在多个维度得到了验证。根据2024年的统计数据,学院毕业生的就业率和对口就业率都在提升,体现了其与产业需求的深度契合。创新能力培养是案例学院的另一大亮点。学院通过引入创新创业课程和举办创新竞赛,激发了学生的创新潜力,创新创业大赛获奖18项。学生的“1+X”职业技能考证通过率达65%,就业率持续提升。人才培养模式实施以来,教学质量持续提升。学生参加职业技能比赛获奖13项、专业竞赛获奖20项。

2. 校企合作的深化与拓展

第一,校企合作的深化体现在人才培养模式的创新上,促进合作专业人才培养方案修订和课程改革。案例学院开发了“模块化”课程体系,将企业真实项目融入教学。这种教学模式不仅提升了学生的实践能力,也为企业创造了实际价值。培养高素质创新型技术人才,提升专业办学竞争力。通过这种深度合作,案例学院实现了人才培养与产业需求的精准对接,不仅提升了人才培养质量,也为区域经济发展提供了有力的人才支撑。

第二,加强校内外实(训)践教学条件建设,提升学生创新实践能力,提高学生就业竞争力。

第三,引企入校、引校入企,优化师资结构提升师资团队实践教学和创新能力,落实产教融合,人工智能产业学院合作办学新思路。在人才培养方面,案例学院实施了“双导师制”,即每名学生配备一名校内导师和一名企业导师。企业导师不仅参与课程设计与教学,还定期组织学生参与企业实际项目,使学生在校期间就能接触到行业前沿技术。同时,深度合作不仅提升了学院的科研水平,也为企业带来了显著的经济效益。

第四,为学生提供优质的专业对口就业岗位,全方位指导扶持学生创新创业实践,助力合作专业良性循环发展。

第五,培育竞赛团队和孵化创新项目参加省、国家级技能大赛,推动以赛促学、以赛促教、以赛促改和以赛促建。

促进“三教”改革,专业团队建设成果丰硕。教材《图形图像处理(CorelDRAW 2021)(第2版)》获“十四五”职业教育国家规划教材和校精品课程,课题成员主编省在线精品课程和融媒体教材,如图5-9所示。

最后,人工智能技术学院通过跨国远程教学、接纳外国留学生等方式,与东盟国家在技能培养、教学改革和技术应用方面开展交流合作,进一步扩大成果的应用面和影响力。

总之,本课题组成员通过研究与实施“岗、课、赛、证、训、创”六位

图 5－9　纸数融创的课程与教材建设与应用样例

一体的人才培养模式改革，取得了一系列成果和经验。首先，我们构建了基于产业学院的协同育人模式，构建相应的人才培养模式，立德树人，将岗位需求、课程设置、竞赛活动、证书考核、实训环节和创新创业能力培养有机结合起来，实现了学生能力和素质的阶梯式提升。其次，我们注重师资队伍建设实践，通过培训和交流活动提升教师的教学水平和专业素养。这些理论成果和经验为如何有效开展人工智能产业学院的产教融合教学改革提供了可借鉴和可推广的思路和方法。我们也仍将持续开展产教融合教学改革的深入研究与实践。

5.8.4 推广过程中可能面临的挑战

在推广现代产业学院人才培养模式的过程中，尽管案例学院取得了显著成效，但仍面临诸多挑战。政策支持不足是首要问题。以广东省为例，虽然近年来出台了多项支持产教融合的政策，但在实际执行中，部分地方政府对现代产业学院的资金投入和政策倾斜力度有限，导致学院在基础设施建设、师资引进和课程开发等方面面临资源短缺的问题。政策的不稳定性也影响了校企合作的长期规划，企业难以形成稳定的合作预期，进而降低了参与积极性。

企业参与积极性不高是另一个关键障碍。根据2022年的一项调查，超过60%的企业认为参与现代产业学院的成本较高，而短期收益不明显。以某汽车制造企业为例，尽管其与某高校共建了产业学院，但由于缺乏明确的利益分配机制和长期合作规划，企业在投入资源后未能获得预期的技术支持和人才储备，导致合作逐渐趋于形式化。部分企业对高校人才培养模式的信任度不足，认为高校课程设置与产业需求脱节，难以满足企业的实际需求。

资源分配不均问题同样不容忽视。现代产业学院的建设需要大量的资金、技术和人力资源支持，但在实际操作中，资源往往集中在少数发达地区或重点高校。以湖南省为例，2023年的一项数据显示，长沙市的现代产业学院数量占全省的70%以上，而其他地市的资源投入明显不足。这种不均衡的资源分配不仅限制了现代产业学院的推广范围，还加剧了区域间教育发展的差距。高校内部资源的分配也存在问题，部分学院在课程开发、实践基地建设和师资培训等方面的投入不足，导致人才培养质量难以提升。

克服这些障碍需要政府、企业和高校的共同努力。政府应进一步完善政策支持体系，加大对现代产业学院的资金投入和政策倾斜力度，同时建立稳定的政策执行机制，确保政策的连续性和可操作性。企业则需要转变观念，从短期利益导向转向长期合作共赢，通过建立明确的利益分配机制和合作规划，增强参与现代产业学院的积极性和主动性。高校则应优化内部资源配置，加强课程体系与产业需求的对接，提升人才培养的针对性和实用性。

跨区域合作和资源共享也是解决资源分配不均问题的有效途径。以长三角地区为例，通过建立区域性的现代产业学院联盟，实现了教育资源的跨区域流动和共享，有效缓解了资源分配不均的问题。这种模式可以为其他地区提供借鉴，通过区域协同发展，推动现代产业学院的均衡推广。

尽管现代产业学院人才培养模式在推广过程中面临诸多挑战，但通过政府、企业和高校的协同努力，这些问题并非不可克服。关键在于建立稳定的政策支持体系、优化校企合作机制、推动资源均衡分配，从而实现现代产业学院的可持续发展。

5.9　推广现代产业学院人才培养模式的建议

现代产业学院人才培养模式的推广需要从政策引导、校企合作机制优化、资源共享平台建设以及因地制宜的实施策略等多个维度进行系统性推进。政策引导是推动模式落地的关键。通过明确的建设目标和考核机制，确保了模式的规范化和可持续性。政策引导的力度和覆盖面仍需进一步加强，特别是在中西部地区，政策支持的差异可能导致模式推广不均衡。

第一，校企合作机制的完善是模式推广的核心环节。创新校企双方的责任与利益分配机制，例如企业通过提供实习岗位和技术支持获得优先招聘权，而学院则通过企业资源提升了教学质量和学生就业率。校企合作的深度和广度仍需进一步拓展，特别是在中小型企业参与度较低的地区，如何激发企业的积极性是一个亟待解决的问题。

第二，资源共享平台的建设是模式推广的重要支撑。如何持续提高学生实践机会，促进科研成果的转化是值得继续研究的领域。

第三，因地制宜的实施策略是保证模式推广效果的关键。不同地区的产业基础和教育资源差异较大，如何避免盲目复制成功经验，需要根据地方实际进行灵活调整。

第四，在推广过程中，还需要关注模式的动态调整和优化。数字驱动的动态调整机制需要搭建数字采集、分析、反馈等功能的数字化管理系统，这就需要投入一定的资金成本、人力和物力资源，如何平衡资源投入与产出效益是一个需要解决的问题。

第五，模式的推广还需要注重评价体系的完善。现代产业学院通过建立多元化的评价体系，将企业评价、学生自评和教师评价相结合，全面评估人才培养的效果。这种评价体系不仅为模式的优化提供了数据支持，还增强了校企双方的信任与合作。但评价体系的科学性和可操作性仍需进一步提升，特别是在跨区域推广时，如何建立统一的评价标准是一个挑战。

总之，现代产业学院人才培养模式的推广需要在政策引导、校企合作、资源共享和因地制宜等方面进行系统性推进。通过借鉴成功案例的经验，结合地方实际进行灵活调整，才能确保模式的可持续发展。

第6章 现代产业学院人才培养模式的未来展望

6.1 未来发展趋势分析

6.1.1 产业需求驱动的教育模式

1. 产业需求驱动教育模式改革

随着全球产业结构加速升级和技术变革的不断深化，现代产业学院的人才培养模式正逐步向产业需求驱动的方向转型。传统的教育模式已难以满足快速变化的产业需求，现代产业学院必须构建更加灵活的教育体系。

一是从技术变革的角度来看，现代产业学院的教育模式正在经历深刻转型。在产业需求驱动的背景下，现代产业学院的教育模式将依据产业需求，快速调整人才培养模式，创新校企合作机制，优化数字化转型的治理方法与平台建设，以适应社会经济发展的需求。以人工智能、大数据、物联网为代表的新兴技术领域对人才的需求呈现出高度专业化和复合化的特征。

二是根据波士顿咨询发布的《2024年全球人才趋势报告》显示，虽然大多数行业的招聘率有所下降，但科技行业在经历了招聘放缓后，已经恢复正常。去年，一些国家和地区的科技行业招聘率甚至有所上升。在公用事业、政府、教育和消费服务这四个行业整体低迷的情况下仍然保持稳定。人工智能技术，尤其是生成式人工智能技术，将深深影响各行各业。

2. 教育资源分配不均衡

从教育资源分配的视角看，全国现代产业学院中，东部地区占比超过中西部地区。其次是课程更新速度滞后于技术发展速度，以人工智能领域为例，高校课程内容更新周期平均为2～3年，而技术迭代周期仅为6～8个月。这些问题需要通过政策支持、资源整合和机制创新来逐步解决。

3. 职教出海已成为人才培养趋势

在全球产业格局重构与“一带一路”高质量发展背景下，职教出海已从单向经验输入转向“双向赋能”的战略布局。以德国“双元制”为镜鉴，中国现代产业学院正探索具有国际适应性的本土化路径，形成“三维融合”的创新范式：从长远来看，现代产业学院的人才培养模式将继续向纵深发展，将产业链、创新链、教育链和人才链深度融合，形成独具特色的人才培养体系。这种教育模式既满足了产业需求，又回应了社会发展的深层次诉求。例如中国现代产业学院在深圳、苏州等12个试点城市形成国际合作的育人主体多元化，国际标准研制与认证。深圳职业技术大学与华为共建“智能基座”，培养定制的人才进入东南亚华为制造基地，实现“培养即就业”的出海闭环。

如今，从“跟跑借鉴”到“并跑创新”，中国职教出海正以产教融合的“新质生产力”，重塑全球产业人才培养格局。这种将德国“双元制”基因与中国产业生态相结合的创新，不仅为“制造强国”提供人才支撑，更在东盟市场培育出“技术＋标准＋文化”的复合型输出模式，为发展中国家职业教育现代化提供东方方案。

为此，产业需求驱动的教育模式正在重塑高等教育的格局。现代产业学院通过深度对接产业需求、创新培养模式、优化资源配置、职教出海等路径，正在探索一条具有中国特色的高素质人才培养之路。这一模式不仅能够有效缓解人才供需矛盾，还将为产业转型升级提供持续的人才支撑和创新动力。

6.1.2　技术融合与创新

未来的现代产业学院将更加注重多种前沿技术的融合与创新，特别是在人工智能、大数据、物联网等新兴技术领域的应用。创新教育仍是现代产业学院的核心。但技术融合与创新教育的推进还面临一些挑战。部分高校在引入新兴技术时存在资源不足的问题。以某地方本科高校为例，由于缺乏资金和技术支持，其在人工智能课程建设中遇到了较大困难。技术更新速度快于课程更新速度也是一个普遍问题。以新工科实践教学基地建设为例，许多高校在引入最新技术时，往往需要花费大量时间调整课程内容，导致学生无法及时接触到前沿技术。师资队伍建设和职业教育体系建设仍是影响人才培养的关键因素。

在AI、数字孪生、元宇宙技术渗透率突破42%的产业变革期（工信部2024年数据），中国现代产业学院正经历从“物理叠加”到“化学融合”的质变。技术不再是教学工具，而是重构产教关系的基础——深圳职业技术大学的“智能基座”项目显示，引入华为昇腾AI实训平台后，学生解决复杂工程问题的能力提升，企业顶岗适配周期缩短。这种技术驱动的创新教育，正在重塑产业学院的三大核心场景：教育场景的“全真数字化”重构、生产场景的“全真体验式”实训和研发场景的“产学研用”协同。

6.2　人才培养模式的创新方向

6.2.1　基于数据驱动的个性化学习

未来的现代产业学院将更加注重学生的个性化发展，通过大数据分析和人工智能技术为每个学生量身定制学习路径。如清华大学与百度合作开发的“智慧课堂”系统，通过 AI 算法分析学生的学习数据，实时调整教学内容和进度。该系统不仅能够根据学生的学习表现推荐适合的学习材料，还能预测学生的学习难点并提供提前干预。这种动态调整的学习路径，使得学生能够在最适合自己的节奏下学习，避免了传统课堂中“快者等、慢者赶”的现象。使用数智化的教学管理平台，更为精准地识别学生的学习短板，并提供针对性的学习资源，从而有效弥补传统“一刀切”教学模式的不足。

教育心理学的研究表明，学生的学习动机和自我效能感对学习效果有着重要影响。因此，在个性化学习路径的设计中，如何通过技术手段提升学生的学习动机和自我效能感是一个值得深入研究的课题。如今以实习模型支持学生知识掌握情况分析，还通过心理测评和认知行为分析，为学生提供个性化的学习策略和心理支持。研究表明，采用该模型的学生的复杂问题解决能力有所提升，学习动机和自信心也得到了显著增强。这种跨学科的个性化学习路径，能够帮助学生从多维度提升综合能力，而不仅仅是单一的知识积累。

个性化学习实施也面临一些挑战。首先是数据隐私问题。在收集和分析学生学习数据的过程中，如何确保数据的安全性和隐私性是一个亟待解决的问题。欧盟的《通用数据保护条例》(GDPR)对教育数据的收集和使用提出了严格的要求，任何违反规定的行为都可能面临高额罚款。其次是技术成本问题，个性化学习系统的开发和维护需要大量的资金和技术支持。最后，个性化学习路径的推广和应用需要政策、技术和教育的多方协同。

未来，随着技术创新发展驱动和教育理念更新，个性化学习的形式会更多样化和智能化。其在现代产业学院中能发挥出越来越重要的作用，为培养适应未来产业需求的高素质人才提供有力支持。

6.2.2 跨学科融合教育

跨学科融合教育作为现代产业学院人才培养的重要方向，正在逐步打破传统学科界限，推动教育模式的深刻变革。跨学科融合教育作为现代产业学院人才培养的重要方向，正在通过课程体系优化、校企协同育人、政策支持等多方面措施，逐步打破传统学科界限，培养出具备多学科背景和综合能力的复合型人才。这种教育模式不仅满足了复杂多变的产业需求，也为我国高等教育改革提供了新的思路和方向。但目前，跨学科融合教育的推广仍面临诸多挑战。在现代产业学院中，部分教学中仍存在课程衔接不畅、师资力量不足等问题。

6.2.3　终身学习与职业发展

未来的现代产业学院将更加注重学生的终身学习和职业发展，这一趋势不仅源于产业技术的快速迭代，更是应对全球职业环境变化的必然选择。根据《2023 年全球职业发展报告》显示，超过 70％的职场人士认为，未来五年内其职业所需的技能将发生显著变化，而传统教育模式难以满足这种动态需求。现代产业学院通过建立完善的职业发展支持体系，能够有效帮助学生适应这一变化。湖南中医药大学创新中药现代产业学院通过引入“终身学习档案”系统，记录学生在校期间的学习成果和职业发展轨迹，为其提供个性化的职业规划建议。这种系统不仅帮助学生明确职业方向，还能通过数据分析预测未来技能需求，从而提前布局学习规划。

在职业发展支持体系的构建中，现代产业学院注重与企业深度合作，将职业发展教育融入课程体系。以重庆城市管理职业学院现代物流管理专业群为例，学院与多家物流企业合作开发了“职业能力提升模块”，学生在校期间即可参与企业真实项目，积累实践经验。这种模式不仅提升了学生的职业适应能力，还为企业输送了具备实战经验的人才。根据《2022 年中国职业教育发展报告》数据显示，采用类似模式的院校毕业生就业率平均高出传统院校 15％以上。

总体来看，现代产业学院通过构建完善的职业发展支持体系，不仅帮助学生提升了职业能力，还为其提供了可持续发展的职业路径。这种模式的成功实践，为高等教育改革提供了重要借鉴，同时也为产业升级和经济发展注入了新的活力。未来，随着技术的进一步发展和政策的持续支持，现代产业学院在终身学习与职业发展领域的探索将更加深入,为培养适应未来职业环境的高素质人才奠定坚实基础。

6.3 面临的挑战与应对策略

6.3.1 教育资源的不均衡

现代产业学院在未来的发展中可能面临教育资源不均衡的挑战,这一问题在区域分布和资源配置上表现得尤为突出。以广东省为例,2022 年数据显示,珠三角地区的现代产业学院数量占全省的 75%,而粤东、粤西和粤北地区仅占 25%。这种区域分布的不均衡直接导致了教育资源分配的不公平,经济发达地区的学生能够享受到更优质的师资力量、更先进的实验设备和更丰富的校企合作机会,而经济欠发达地区的学生则往往面临资源匮乏的困境。珠三角地区的某现代产业学院与华为、腾讯等龙头企业建立了深度合作关系,学生可以直接参与企业的真实项目,而粤北地区的某学院则因缺乏优质企业资源,实践教学多停留在模拟阶段。

教育资源的不均衡还体现在师资力量的分布上。根据 2023 年的一项调查,珠三角地区的现代产业学院中,具有企业工作经验的"双师型"教师占比达到 45%,而粤东地区仅为 18%。这种师资力量的差距直接影响了教学质量,尤其是在实践教学环节,缺乏企业经验的教师难以将产业前沿技术融入课堂,导致学生的实践能力培养不足。实验设备和教学平台的差距也进一步加剧了教育资源的不均衡。珠三角地区的某学院拥有价值超过 5000 万元的智能制造实验室,而粤西地区的某学院则因资金不足,实验室设备更新缓慢,难以满足现代产业发展的需求。

为应对教育资源不均衡的挑战,现代产业学院需要采取多方面的措施。加强区域间的资源整合是关键。可以通过建立区域联盟的方式,实现优质教育资源的共享。广东省教育厅于 2023 年启动了"现代产业学院区域协同发展计划”，通过珠三角地区学院对口支援粤东、粤西和粤北地区学院，共享课程资源、师资力量和实验设备。优化资源配置需要政府的政策支持。2022 年，教育部发布的《关于深化产教融合的若干意见》明确提出，要加大对经济欠发达地区现代产业学院的政策倾斜和资金支持，确保不同地区的学生都能享受到优质的教育资源。

现代产业学院还可以通过深化校企合作来弥补资源不足的问题。粤北地区的某学院通过与当地中小企业建立“校企联合实验室”，将企业的实际生产设备引入校园，既解决了设备不足的问题，又为学生提供了真实的实践环境。同时，利用信息化手段也是解决资源不均衡的有效途径。2023 年，某现代产业学院开发了“虚拟仿真实验平台”，学生可以通过在线平台模拟操作高端设备，弥补了实体设备不足的缺陷。

解决教育资源不均衡问题并非一蹴而就。在实施过程中，可能会遇到企业参与积极性不高、政策落实不到位等挑战。某学院在尝试引入企业资源时，因缺乏明确的利益分配机制，导致企业参与度较低。因此，现代产业学院需要建立科学的校企合作机制，明确各方的权利和义务，确保合作的可持续性。同时，政府也需要加强政策执行的监督，确保资金和政策真正落实到需要的地方。

教育资源的不均衡问题不仅影响了现代产业学院人才培养的高质量发展，也制约着区域经济的协调发展。以粤北地区为例，由于教育资源匮乏，当地培养的高素质人才难以满足产业升级的需求，导致企业外迁和人才流失的现象日益严重。因此，解决教育资源不均衡问题不仅是教育公平的需要，也是区域经济可持续发展的必然要求。通过资源整合、政策支持和校企合作的多重努力，现代产业学院有望在未来实现教育资源的均衡配置，为不同地区和不同背景的学生提供公平而优质的教育机会。

6.3.2　技术更新与课程滞后

技术更新与课程滞后是现代产业学院面临的一个显著挑战，尤其是在信息技术、人工智能、生物技术等快速发展的领域。某高校现代产业学院在2022年的一项调查中发现，超过60%的毕业生认为在校期间所学内容与当前行业技术存在较大差距，其中人工智能、区块链等新兴技术领域的课程内容尤为滞后。

课程滞后的原因主要在于高校课程体系的刚性设计。传统的课程设置往往需要经过多轮审批和论证，周期较长，难以快速响应技术变革。以某高校的“数据科学与大数据技术”专业为例，其课程体系在2020年设计时主要基于当时的技术框架，但到2024年，行业已普遍采用更先进的分布式计算框架和深度学习模型，而课程内容却未能及时更新。这种滞后不仅影响了学生的就业竞争力，也削弱了高校与产业界的合作基础。为应对这一挑战，现代产业学院需要建立灵活的课程更新机制。

课程更新机制的建立并非一蹴而就，需要克服多方面的障碍。首先是师资力量不足。许多高校教师缺乏行业实践经验，难以将最新技术融入教学。为此，现代产业学院可以通过“双师型”教师培养计划，制定教师参与企业实践和技术研发的相关制度与激励机制，提升其行业认知和实践能力。其次是校企合作的深度问题。部分企业出于商业机密考虑，不愿将最新技术公开，导致课程内容更新受限。对此，高校可以通过签订合作协议、建立知识产权保护机制等方式，增强企业的合作意愿。

技术更新与课程滞后的矛盾是现代产业学院发展中的关键问题。通过建立灵活的课程更新机制、深化校企合作、优化师资结构，现代产业学院可以有效缩短课程更新周期，确保学生能够学到最前沿的知识和技能，从而更好地满足产业需求。

6.3.3 校企合作的深度与广度

未来的现代产业学院在校企合作方面需要进一步深化和拓展。以湖南中医药大学创新中药现代产业学院为例，该学院不仅与国内知名药企合作，还积极拓展国际合作，与德国、日本等国的医药企业建立了联合实验室。通过这种多层次的合作模式，学院不仅能够及时了解国际前沿技术动态，还能将国际先进经验融入本土人才培养体系。数据显示，2021 年至 2023 年，该学院学生参与国际科研项目的比例从 15%提升至 35%，显著增强了学生的学术与科研能力。学院还通过举办国际学术论坛、交流会议，邀请国外专家、合作校学生互访等方式，进一步拓宽了学生的国际视野。未来的现代产业学院在校企合作方面需要从深度和广度两个维度同时发力。通过建立长期稳定的合作关系，学院可以更好地了解产业需求，优化人才培养方案，确保学生能够顺利融入产业环境，实现教育与产业的深度融合。这不仅需要政策支持、资源整合，还需要高校和企业的共同努力，以构建一个可持续发展的校企合作生态系统。

第7章 结论与建议

7.1 研究结论

本书以现代产业学院人才培养模式为核心，系统探讨了其内涵演进、发展动因、建设原则、存在问题、实践路径与创新方向，结合产教融合理论、工作场所教育理论及协同创新理论，提出“岗、课、赛、证、训、创”六位一体的人才培养模式，通过实证分析与案例研究，得出以下结论：

7.1.1 现代产业学院是深化产教融合的核心载体

现代产业学院的演进历程表明，其本质是通过多元主体协同育人，实现教育链、产业链、创新链和人才链的深度融合。其混合型组织架构与创新驱动特征，打破了传统教育的封闭性，通过校企共建课程、共享资源、共育师资，显著提升了人才培养的产业适应性。案例显示，校企深度合作的现代产业学院毕业生就业对口率普遍高于传统模式15%～20%，实践能力与创新素养显著提升。

第一，校企协同是现代产业学院人才培养模式的重要支撑。以重庆城市管理职业学院现代物流管理专业群为例，学院与多家物流企业共建实训基地，企业导师定期参与课堂教学，学生则通过企业实习和项目实践积累实战经验。这种深度合作不仅缩短了学生从学校到职场的适应期，还为企业输送了大量符合岗位需求的技能型人才。

第二，创新驱动是这一模式的另一核心特征。这种以创新为导向的培养方式不仅激发了学生的创造力，还推动了科研成果的转化，实现了教育与产业的双赢。

第三，通过整合教育资源与产业需求，培养出具备实践能力和创新思维的高素质应用型人才。课程体系与产业需求的紧密结合是现代产业学院建设成功的关键。以宿迁学院园林专业为例，学院根据园林产业的最新发展趋势，动态调整课程内容，增设了生态修复、智慧园林等新兴课程。同时，学院与多家园林企业合作，将企业真实项目融入教学，学生在完成项目的过程中不仅掌握了专业知识，还培养了团队协作和项目管理能力。以广西机电职业技术学院的人工智能产业学院为例，其课程体系紧密结合产业的实际需求，开设了前沿课程，同时引入企业真实项目作为教学案例，使学生在理论学习中直接接触产业实践。这种课程设计不仅提升了学生的专业素养，还增强了其解决实际问题的能力。

第四，实践教学与理论教学的有机统一是现代产业学院教学质量提升的重要教学策略。以岭南师范学院"双碳"电力与智能家电产业学院为例，学院通过校企共建实验室，将理论教学与实践操作紧密结合。学生在学习电力系统分析课程时，不仅通过课堂掌握理论知识，还在实验室中完成智能电网的模拟操作，这种"学中做、做中学"的方式显著提升了学生的实践能力。2023年，该学院学生在国家级技能大赛中斩获多项奖项，充分证明了这一模式的有效性。

第五，现代产业学院人才培养模式需要有效整合教育资源，对接产业需求，基于产教融合，校企协同育人和创新驱动教育改革，培养出符合产业发展需求的高素质应用型人才，有效提升了学生就业率和企业满意度，从而推动了教育与产业的深度融合，为高等教育改革提供了新的思路和方向。

第六，现代产业学院人才培养模式的成功离不开政策支持与制度保障。以滁州学院智能建造现代产业学院为例，学院通过政府引导、企业参与、高校主导的多方协同机制，构建了完善的师资队伍和评价体系。学院不仅引进了大量具有产业经验的"双师型"教师，还建立了以企业评价为主导的多元化考核机制，确保人才培养质量与产业需求高度契合。

7.1.2 “岗、课、赛、证、训、创”六位一体人才培养模式能提升人才培养质量

现代产业学院以“岗、课、赛、证、训、创”六要素为核心，构建了全链条、动态化的人才培养体系，通过理论与实践的双向嵌入，“岗、课、赛、证、训、创”六要素的协同作用形成了闭环式人才培养体系。其中，“岗课对接”确保教学内容与产业需求同步，“课赛融合”以赛促学激发创新潜能，“训创融汇”通过真实项目培养实践能力。广西机电职业技术学院等案例表明，该模式下学生岗位适应周期缩短40%，企业满意度提升至90%以上，验证了模式的普适性与实效性。

7.1.3 数字化转型是治理效能提升的关键抓手

面对课程滞后、师资结构失衡、治理松散化等挑战，数字化技术为现代产业学院突破传统教育瓶颈提供了关键支撑，为现代产业学院提供了系统性解决方案。主要体现在：一是动态课程生态。借助大数据分析企业招聘需求与课程匹配度，构建“产业需求驱动—课程动态调整”机制。二是搭建虚实融合教学平台。通过虚拟仿真平台、数字孪生技术突破实践资源限制。保定学院人工智能产业学院开发“智能算法—虚拟仿真—实体验证”三级实验体系，学生可在线完成工业级AI模型训练，设备使用成本降低40%，复杂实验覆盖率提升至80%。三是构建数据驱动的评价体系。引入AI驱动的学习行为分析系统，构建“过程＋结果＋增值”三维评价模型。能够实现资源精准配置与教学过程优化。例如，重庆城市管理职业学院通过“智慧物流教学平台”将企业数据实时嵌入教学，学生实践考核通过率提升15%，课程更新周期缩短60%。

7.1.4 区域协同与国际化是未来发展的必然趋势

当前现代产业学院区域分布不均衡，东部地区占比超80%，中西部亟

待政策倾斜与资源整合。同时，职教出海成为新方向，深圳职业技术大学等院校通过“智能基座”项目输出“技术＋标准＋文化”模式，为东盟国家提供本土化人才培养方案，彰显了中国职业教育的国际影响力。

7.1.5　终身学习与个性化教育是核心突破方向

随着技术迭代加速，现代产业学院需从“一次性教育”转向终身学习支持体系。通过大数据分析构建个性化学习路径，引入AI驱动的能力画像系统，可精准识别学生需求，实现从“标准化培养”到“精准化赋能”的转型。例如，湖南中医药大学创新中药学院的“终身学习档案”系统，为学生提供动态职业规划建议，有效提升了职业发展的可持续性。

7.2　实践成效

现代产业学院人才培养模式的实施成效在多个维度得到了显著体现。一是人才培养质量显著提升，学生就业竞争力增强，人才培养与产业发展契合度提高，企业满意度提高。二是企业参与度提升。校企协同育人、协同治理、校企资源配置优化等方面有了突出成效。三是在跨学科融合教育方面取得了显著进展，校企合作的成果丰富。如校企合作开发的数字课程、教材、软件、专利等，实现科教融汇，丰富教学资源。四是完善了校企合作机制，创新了评价体系，形成现代产业学院良好的发展生态。通过持续创新和实践，现代产业学院有望为高等教育改革和产业升级提供更多成功范例。

7.3　对现代产业学院人才培养模式的建议

7.3.1　完善政策支持与制度保障

1. 现代产业学院的建设与发展离不开政策支持和制度保障的完善

政府应进一步出台相关政策，明确现代产业学院的法律地位和运行机制，为其提供资金支持和政策倾斜。政府应建立健全校企合作的激励机制，鼓励企业深度参与人才培养过程，形成长效合作机制。

2. 在政策支持方面，政府应注重政策的系统性和可操作性

建议政府为产业学院提供法律保障、资金支持和激励机制。法律保障明确各方权责，减少合作摩擦。资金支持解决了其初期建设中的资源短缺问题。健全校企合作的激励机制，鼓励企业深度参与人才培养过程，形成长效合作机制。

3. 现代产业学院需要建立科学的管理机制和评价体系

通过动态调整机制确保人才培养的针对性和实效性。学院建立多元化的评价体系，通过企业导师评价、学生自评和同行互评等方式，全面评估人才培养质量。这种评价体系不仅确保了人才培养的科学性，还通过反馈机制推动了教学质量的持续提升。

7.3.2 优化课程体系与实践教学

现代产业学院在优化课程体系与实践教学方面，需紧密结合产业需求，动态调整课程设置，确保教学内容与行业前沿技术同步。以湖南中医药大学创新中药现代产业学院为例，其课程体系中增设了中药智能制造、大数据分析等前沿技术课程，同时将传统中药学与现代生物技术相结合，形成了独具特色的课程模块。这种动态调整不仅提升了课程的实用性，还为学生提供了更多与产业接轨的学习机会。根据2023年的统计数据，该学院毕业生就业率较传统课程体系下的毕业生提升了15%，且对口就业率显著提高。

在实践教学方面，现代产业学院应加强实践教学基地建设，推动校企共建实验室和实训平台。以宿迁学院园林专业为例，其通过与当地园林企业合作，共建了集教学、科研、生产于一体的实践基地，学生在基地中参与实际项目，从设计到施工全程参与，显著提升了实践能力。数据显示，参与该实践基地的学生毕业后的就业竞争力提升

了 20%，且企业反馈满意度高达 90%。重庆城市管理职业学院现代物流管理专业群通过校企共建实训平台，将企业真实业务场景引入课堂，学生在模拟环境中完成物流规划、仓储管理等任务，培养了解决实际问题的能力。

校企协同共建实验室和实训平台是提升实践教学质量的关键。以岭南师范学院"双碳"电力与智能家电产业学院为例，其与多家知名企业合作共建了智能家电研发实验室，学生在实验室中参与企业研发项目，不仅掌握了前沿技术，还积累了丰富的实践经验。根据 2022 年的调查数据，参与该实验室的学生在毕业后进入相关企业的比例高达 85%，且企业对其技术能力的认可度显著高于传统教学模式培养的学生。安阳职业技术学院通过现代学徒制模式，将企业导师引入课堂，学生在企业导师的指导下完成真实项目，实现了理论与实践的无缝衔接。

为确保学生能够在真实环境中锻炼能力，现代产业学院还需注重完善实践教学评价体系。以广西警察学院公安大数据现代产业学院为例，其通过引入企业评价机制，将学生在实践中的表现纳入课程考核体系，形成了多元化的评价标准。这种评价方式不仅提升了学生的实践积极性，还为企业提供了更全面的人才选拔依据。数据显示，采用该评价体系后，学生的实践能力评分平均提升了 25%，且企业对毕业生的满意度显著提高。

现代产业学院在优化课程体系与实践教学时，还需注重跨学科融合与创新能力的培养。以滁州学院智能建造现代产业学院为例，其通过"四链"互补融通模式，将土木工程、信息技术、管理学等多学科知识融入课程体系，培养了学生的综合能力。学生在完成跨学科项目时，不仅掌握了专业知识，还培养了团队协作能力与创新思维。根据 2023 年的调查数据，参与跨学科项目的学生在创新创业大赛中的获奖率提升了 30%，且毕业后进入高新技术企业的比例显著高于传统教学模式培养的学生。

现代产业学院在优化课程体系与实践教学时，需以产业需求为导向，动态调整课程设置，加快实践教学基地建设，推动校企深度合作,并通过多元化的评价体系确保教学质量的持续提升。这种模式不仅能够满足产业对高素质人才的需求,还能为学生提供更广阔的职业发展空间。

7.3.3 加强师资队伍建设

(1)全面提升教师的专业水平和实践能力。企业共建"双师型"教师培养基地,成功将企业技术骨干引入课堂,同时派遣教师深入企业参与技术研发,形成了双向流动机制,促进了教师的知识更新,还为企业输送了具有实践经验的科研人才,为产业学院培养了一批既懂理论又精通实践的高素质教师队伍,实现了校企双赢。

(2)加强师生、企业共研项目,推动成果转化,为企业培养符合企业需求的高素质人才,形成了良性循环。

(3)单纯依靠校企合作难以解决师资队伍建设的所有问题,需要建立更加完善的激励机制和评价体系。

为此,只有构建起完善的师资队伍建设体系,才能为现代产业学院培养高素质应用型人才提供强有力的保障。

7.4 研究的局限性与未来研究方向

7.4.1 研究范围的局限性

本书主要聚焦于国内现代产业学院的人才培养模式,探索了"岗、课、证、赛、训、创"六位一体人才培养模式的构建与实施,尽管在研究过程中取得了一定的成果,但研究仍存在一定的局限性。

一是研究未能深入探讨国际经验对国内现代产业学院发展的借鉴意义,对当前职教出海背景的现代产业学院人才培养模式的构建与实施研究不足。研究未能充分比较分析不同国家在现代产业学院建设中的课程体系、师资队伍建设、政策支持与制度保障差异等,对当前现代产业学院人才培养模式如何创新培养跨国人才的研究深度不足。未来研究可以进一步扩大研究范围,推动国内现代产业学院的可持续发展。

二是人工智能技术快速发展带来产业结构快速调整,如何提升师生数智素养、如何应用数智技术创新人才培养模式的构建与实施仍需要持续研究与实践。

7.4.2　数据获取的局限性

本书在数据获取方面存在一定的局限性,主要依赖于文献分析和典型案例研究,缺乏大规模实证数据的支持。文献分析虽然能够提供理论框架和历史背景,但其部分数据来源多为二手资料,难以全面反映现代产业学院人才培养模式的实际情况。本书分别探讨了高校研究性教学和现代产业学院的建设模式,但这些研究多基于理论推导,缺乏对实际运行效果的量化分析。典型案例研究虽然能够提供具体的实践经验,但其样本量有限,难以推广到更广泛的教育环境中。文献分别分析了现代产业学院的校企合作模式和实践教学基地建设,但这些案例多集中在特定地区或特定行业,无法全面反映全国范围内的实际情况。

为了弥补这一不足,未来研究可以通过问卷调查、访谈等方式获取更多一手数据。问卷调查能够覆盖更广泛的样本,提供量化的数据支持。可以设计针对学生、教师和企业的问卷,收集他们对现代产业学院人才培养模式的看法和建议。访谈则能够提供更深入的定性数据,揭示数据背后的原因和机制。可以对现代产业学院的负责人、企业代表和学生进行深度访谈,了解他们在实际运行中遇到的挑战和解决方案,分别探讨现代产业学院的建设路径和实践教学改革方法,这些研究虽然能够提供一些实证数据,但其样本量和数据质量仍有待提高。

未来研究还可以结合大数据分析技术,对现代产业学院的运行数据进行深入挖掘。可以利用机器学习算法分析学生的学习行为和成绩数据，找出影响人才培养效果的关键因素，分别探讨应用型本科高校的课程体系建设和人力资源管理问题，这些研究虽然提供了一些数据分析方法，但其应用范围和深度仍有待拓展。通过结合多种数据来源和分析方法，未来研究可以更全面地评估现代产业学院人才培养模式的效果，为政策制定和实践操作提供科学依据。

尽管本书在数据获取方面存在一定的局限性，但通过结合多种研究方法和数据来源，分别探讨了现代物流管理专业群和创新创业能力的培养路径，这些研究为现代产业学院人才培养模式的效果分析提供了一些实证数据。

7.4.3 未来研究方向

未来研究可以进一步探讨现代产业学院人才培养模式的评价体系、可持续发展路径以及在不同类型高校中的适用性。以评价体系为例，目前大多数现代产业学院的评价标准仍以传统的学术成绩为主，缺乏对实践能力、创新能力以及职业素养的综合考量。

在可持续发展路径方面，现代产业学院需要解决资源分配不均、校企合作深度不足等问题，不同类型高校的适用性研究同样具有重要意义。结合人工智能、大数据等新技术，现代产业学院的人才培养模式可以进一步创新与优化。跨学科融合教育是未来研究的另一个重要方向。

未来研究应注重评价体系的多元化、可持续发展路径的探索以及不同类型高校的适用性分析，同时结合新技术推动人才培养模式的创新与优化。通过多角度、跨学科的研究，现代产业学院可以更好地适应产业需求，培养出更多高素质应用型人才。

参考文献

[1] 姚宇华，黄彬，孙丽昕．产业学院：内涵、困境与建设路径[J]．扬州大学学报(高教研究版)，2022，26(2)：36—44.

[2] 程江平，杨雪临．产业逻辑下高职院校产业学院的发展沿革、模式选择与定位再塑[J]．中国职业技术教育，2023，(16)：50—55.

[3] 邓小华，王晞．现代产业学院的基本职能与运行机制[J]．职教论坛，2022，38(7)：37—44.

[4] 覃晓航．广西民族高等教育发展试探[J]．广西民族研究，1988(2)：39—45.

[5] 国务院办公厅．国务院关于大力发展职业教育的决定[EB/OL]．(2005—11—09)[2024—08—03]．https://www.gov.cn/zwgk/2005—11/09/content_94296.htm

[6] 教育部办公厅，工业和信息化部办公厅等．关于印发《现代产业学院建设指南(试行)》的通知[EB/OL]．(2020—08—11)[2024—08—03]．http://www.moe.gov.cn/srcsite/A08/s7056/202008/t20200820_479133.html

[7] 张伦超．"四链"互补融通驱动现代产业学院师资队伍建设探索：以滁州学院智能建造现代产业学院建设为例[J]．教育进展，2024，14：1219.

[8] 李燕玲，刘健，安雷，等．高职院校人工智能产业学院建设探究：以保定学院人工智能产业学院为例[J]．教育与研究，2024，6(10).

[9] 邱云，赵虹玉．现代物流管理专业群现代产业学院建设创新与实践：以重庆城市管理职业学院为例[J]．教育探讨，2024，6(3)：

145—146.

[10] 唐宇,张雪,张熙,等．创新中药现代产业学院建设的探索与实践:以湖南中医药大学为例[J]. 湖南中医药大学学报,2024,44(10):1908—1912.

[11] 刘宇,张楠,蒋亚华,等．基于产业需求的园林专业实践教学体系构建:以宿迁学院为例[J]. 安徽农业科学,2023,51(9):265—267.

[12] 邓小华,赵子健．职业院校教学数字化高质量发展:内涵、理念与策略[J]. 职业技术教育,2023,44(23):6—12.

[13] 中华人民共和国中央人民政府．从 11.2 万亿元到 53.9 万亿元:数字经济发展动能强劲．[EB/OL]. (2024—09—24)[2024—12—03]https://www.gov.cn/yaowen/liebiao/202409/content_6976033.htm

[14] 焦云霞．数字技术与制造业产业链现代化发展[J]. 价格理论与实践,2024,(07):29—35.

[15] 郑文娟,郭文娟．应用型本科高校现代产业学院建设路径的研究[J]. 教育进展,2024,14(2):1298—1303.

[16] 邓小华,赵子健．职业院校教学数字化高质量发展:内涵、理念与策略[J]. 职业技术教育,2023,44(23):6—12.

[17] 丁洁,童元松．最近发展区视域下高职院校分层教学的创新路径研究[J]. 教育与职业,2022,(11):80—84.

[18] 嵇正龙,肖艳,许忠荣．现代产业学院推动产教融合的实践与探索[J]. 湖北开放职业学院学报,2024,37(20):27—28,32.

[19] 徐正丽,文益民．利益相关者视域下的现代产业学院建设[J]. 高教论坛,2022(4):59—62.

[20] 中华人民共和国教育部,国家发展改革委,工业和信息化部等．教育部等九部门关于印发《职业教育提质培优行动计划(2020—2023 年)》的通知[EB/OL]. (2020—09—16)[2024—08—03]. https://www.gov.cn/zhengce/zhengceku/2020—09/29/content_5548106.htm

[21] 中华人民共和国教育部．国家智慧教育平台累计注册用户突破 1 亿，浏览量超 367 亿次[EB/OL]．(2024－01－26)[2024－03－09]．http://www.moe.gov.cn/jyb_xwfb/xw_zt/moe_357/2024/2024_zt02/mtbd/202401/t20240129_1113178.html

[22] 桑海涛，王树文，陈波，等．双碳电力与智能家电产业学院建设实践：以岭南师范学院为例[J]．创新教育研究，2022，10(10)：2589－2595.

[23] 黄景德，李晨瑜．广东省特色产教融合长效机制的建设与实践[J]．社会科学前沿，2024，13：464.

[24] 李辉，林金燕．应用型本科院校课程体系建设现状及优化对策：基于 38 份本科人才培养方案的实证分析[J]．江苏大学学报(社会科学版)，2024，26(6)：80－92.

[25] 肖定菊．产教融合背景下重庆高职现代产业学院建设路径探析[J]．知识经济，2023(24)：133－135.

[26] 林少芸，许艺龄．产教融合背景下高职院校产业学院建设的研究与探索：基于对德国、美国、英国的比较分析[J]．商丘职业技术学院学报，2022，21(5)：55－60.

[27] 吴晴．产业学院视域下技工院校育人模式改革探究[J]．进展，2023(23)：46－48.

[28] 孙涛，王洪森，朱汉帅，等．基于现代产业学院背景下的药学类校企合作课程建设研究[J]．药学教育，2024，40(2)：22－27.

[29] 广秋陈，侨吴，子源郭，等．新工科背景下人工智能专业实践教学内容与模式探究[J]．现代教育前沿，2023，4(1)：67－70.

[30] 蔡丽娟．高职现代产业学院的耦合逻辑、发展掣肘及建设路径研究[J]．湖北开放职业学院学报，2024，37(18)：72－74.

[31] 程金润，胡星，吕小亮．地方应用型本科产教融合生态系统建设研究：以临港新片区智能制造产业学院为例[J]．创新教育研究，2024，12(12)：358－365.

[32] 曹晔．论职业教育产教融合的基本理论[J]．职教论坛，2020，36(6)：38－43.

[33] 国家发展改革委等部门关于印发《职业教育产教融合赋能提升行动实施方案(2023—2025 年)》的通知 .[EB/OL].(2023－06 － 08)[2024 － 08 － 03].https://www.gov.cn/zhengce/zhengceku/202306/content_6886061.htm

[34] 包之明．高职"岗、课、赛、证、训、创"六位一体人才培养模式研究:以人工智能应用技术专业为例[J]. 大学教育,2024,(11):133－139.

[35] 陆雄杰,吕嘉欣．职业教育赋能新质生产力发展的价值逻辑、内在机理和实践路径[J]. 南宁职业技术学院学报,2024,32(4):46－53.

[36] 丁洁,童元松．最近发展区视域下高职院校分层教学的创新路径研究[J]. 教育与职业,2022,(11):80－84.

[37] 唐璟怡,杨方正,张文鹏．技能型社会建设背景下职业教育政策的量化研究:基于 16 份国家层面政策文本的分析[J]. 教育与职业,2023,(10):5－12.

[38] 张雪翠,梁晨．高职院校产业学院实践教学体系:价值阐释、要素确认和实践路径[J]. 职业技术教育,2024,45(14):12－18.

[39] 中共中央办公厅,国务院办公厅印发《关于推动现代职业教育高质量发展的意见》[EB/OL].(2021 － 10 － 12)[2024 － 08 － 03]. http://www.gov.cn/zhengce/2021－10/12/content_5642120.htm

[40] 刘晓红,周艳．实践导向的高职文秘专业课程改革与创新:以广西幼儿师范高等专科学校为例[J]. 教育观察,2021,10(34):100－102.

[41] 聂挺,仇怀凯,刘辉．产教融合组织形态治理结构的演变轨迹与创新进路[J]. 高等工程教育研究,2024,(4):134－140.

[42] 贺书霞,冀涛．职业教育产教融合多中心治理机制研究[J]. 教育与职业,2022(20):38－42.

[43] 祁占勇,吴仕韬．数字化转型赋能职业教育高质量发展的运作逻辑与实现路径[J]. 教育与经济,2024,40(3):20－27.

[44] 聂挺．产业学院治理体系结构:演变轨迹、运行困境及优化

路径[J]. 职教论坛,2023,39(1):103—111.

[45] 门超. 职业教育治理数字化转型的现实语境、内在机理与实践路径[J]. 教育与职业,2024,(16):43—49.

[46] 赵小青. 面向中国式现代化:职业教育的发展逻辑与路向[J]. 教育与职业,2023,(15):20—27.

[47] 邓文勇,张翠兰. 职业教育高质量发展中的数字治理:框架、逻辑及路径[J]. 职业技术教育,2023(22):57—64.

[48]杨雨晴,徐小容. 职业教育数字化转型的空间表达与秩序建构[J]. 教育与职业,2024,(17):13—21.

[49] 车延年,邵宾,雷晓燕. 高质量发展视野下高职院校的现实困境与未来转向[J]. 职业技术教育,2023,44(36):43—49.

[50] 陈吉鄂. 广东省高职院校创新创业教育高质量发展研究[J]. 职业技术教育,2023,44(8):62—66.

[51] 陈永灿,苑振国,李苗苗,等."岗课赛证"四位一体赋能职业教育高质量发展[J]. 广东轻工职业技术学院学报,2024,23(4):50—54+72.

[52] 邓琳佳. 高职院校"岗课赛证训创"一体化人才培养的价值、困境及路径[J]. 潍坊工程职业学院学报,2023,36(3):104—108.

[53] 陈吉鄂. 广东省高职院校创新创业教育高质量发展研究[J]. 职业技术教育,2023,44(8):62—66.

[54] 吕洁. 校企共建产业学院的创新研究[J]. 教育天地,2024,6(1).

[55] 倪艳荣,倪艳凤,王卫东,等. 基于电缆现代产业学院校企共建实践教学基地[J]. 创新创业理论研究与实践,5(18):122—124.

[56] 侯文雷,刘向荣,农忠海. 基于校局企合作的"公安信息技术应用"课程教学改革与实践:以广西警察学院公安大数据现代产业学院为例[J]. 公安教育,2022,(4):63—66.

[57] 徐晓明,周临震. 现代产业学院教学管理改革特征与路径探索[J]. 应用型高等教育研究,2022,7(2):35—39.

[58] 王飞飞,谢丽明,时合生. 基于现代产业学院的地方本科高

校协同育人机制探索[J]. 科技视界,2022,(6):151—152.

[59] 张裕,刘云翔. 产业学院多主体协同育人模式探索[J]. 教育进展,2022,12:3199.

[60] 本刊编辑部. 教育数字化战略:上海在行动[J]. 人民教育,2022,(7):12.

[61] 邓小华,付传. 中职学校教师新形态教材价值感知、使用意愿与使用行为实证研究[J]. 职业技术教育,2023,44(5):48—54.

[62] 徐国庆."活页式、手册式教材"概念辨析与应用开发[J]. 当代职业教育,2022,(2):4—9

[63] 王姣姣,杜慧起. 产教融合背景下职业教育新形态教材开发研究[J]. 教育与职业,2022,(6):109—112.

[64] 黄河,杨明鄂,旷庆祥. 职业教育"新型活页式教材"的内涵及建设路径[J]. 教育与职业,2021,(2):99—103

[65] 李政. 职业教育新形态教材:内涵、特征与编写策略[J]. 职教论坛,2020,(4):21—26.

[66] 曹阳艳,黄琛. 职业教育新型活页式教材建设路径探讨[J]. 职业教育研究,2022,(12):51—55.

[67] 许远. 职业教育与培训领域新形态教材开发研究[J]. 职业教育研究,2021,(9):46—56.

[68] 李曼. 产教融合背景下职业院校工作手册式教材的开发与应用[J]. 山东商业职业技术学院学报,2022,22(5):25—29.

[69] 张靖卉,朱东阳. 职业教育数字教材的技术演进、现实境遇与远景透视[J]. 职教论坛,2025,41(2):46—54.

[70] 王兴宇,田梅,吴晓慧. 智能制造产业学院多元主体协同育人模式的研究与实践[J]. 吉林工程技术师范学院学报,2024,40(6):42—49.

[71] 程江平,杨雪临. 产业逻辑下高职院校产业学院的发展沿革、模式选择与定位再塑[J]. 中国职业技术教育,2023,(16):50—55.

[72] 于桂阳,刘成,唐伟,等. 服务生猪产业链高职院校产业学

院的建设与实践——以永州职业技术学院新五丰现代畜牧产业学院为例[J]. 湖南畜牧兽医,2022,(1):40-43.

[73] 彭小玉. 地方本科高校现代产业学院专业建设路径研究[J]. 教育进展,2022,12:2749-2754.

[74] 王志亮,秦琳,陈海建,等. 现代产业学院人才培养需融入劳动教育[J]. 2024,46(1):21-23.

[75] 鲁宁,马爱霞,李志军. 基于多元主体协同的安全应急现代产业学院建设探索与实践[J]. 创新创业理论研究与实践,2023,6(11):128-130.

[76] 赵磊磊,董艳. 职业教育数字化转型的技术现象追问[J]. 教育研究,2024,45(8):125-135.

[77] 田玉麒,陈子雄. 数字技术赋能基层治理变革:关系定位、内在机理与实践取向[J]. 福建师范大学学报(哲学社会科学版),2024,(4):46-54.

[78] 周文辉,程宇. 数字平台如何通过边界跨越构建价值共创型组织?[J]. 研究与发展管理,2021,37(6):31-43

[79] 褚乐阳,陈卫东,谭悦,等. 虚实共生:数字孪生(DT)技术及其教育应用前瞻:兼论泛在智慧学习空间的重构[J]. 远程教育杂志,2019,37(5):3-12.

[80] 李畇赟. 控制机制、再分层工具及隐私跟踪器:揭示教育技术的另一个面相[J]. 电化教育研究,2022(12):32-38+69.

[81] 胡艺龄,赵梓宏,顾小清. AI与教育融合的动力系统建模与演化机制[J]. 开放教育研究,2022,28(6):81-90.

[82] 李阳. 职业教育治理的制度逻辑[J]. 职业技术教育,2020(36):32-37.

[83] 郑琼. 数字赋能视角下数字政府整体智治的实现路径[J]. 郑州大学学报(哲学社会科学版),2024,57(3):34-41+142.

[84] 屈星,盛义发,肖金凤,等. 现代产业学院模式下电力系统分析课程实践教学改革研究[J]. 创新创业理论研究与实践,2023,6(12):37-39.